빌딩 박사 박종복의

나도 강남 빌딩 주인 될 수 있다

빌딩 박사 박종복의

나도 강남 빌딩 주인 될 수 있다

아파트 한 채 값으로
강남 빌딩
주인 되는 비결

박종복 지음

Woman Sense Books

요즘 '헬조선'이니 '금수저 · 흙수저'니 하는 말들이 인터넷 뉴스를 도배하고 있다. 어떤 신임 장관은 국회 인사청문회가 끝나자 자신이 흙수저 출신이라 업신여김을 당했다며 원통해했다고 한다. 공무원 중 최고위급인 장관마저 흙수저임을 한탄했다니 힘없는 서민은 말해 무엇하겠나. 가끔은 개천에서 용도 나고 했던 사연들이 이제 옛날이야기로만 들리는 현실이 그저 안타까울 뿐이다.

가난을 등에 지고 태어난 것이 자랑할 일은 못 되지만, 최근 들려오는 흙수저 · 금수저 논란을 보고 있노라면 자연스레 어린 시절 뛰놀던 고향이 떠오른다. 충청남도 태안군 안면도. 필자의 고향이다. 요즘이야 서해안고속도로를 타고 쉽게 들를 수 있는 관광 명소지만 필자가 태어나 자랄 때만 해도 낙후된 농

어촌일 뿐이었다. 섬에서 농사를 짓던 농부의 5남3녀, 8남매 중 일곱째로 태어난 아들. 형제는 많고 집안은 가난하다 보니 모든 게 부족하고 불편하기만 했던 것이 어린 시절의 고향 풍경이다. 얼마 되지 않는 육성회비조차 제때 못 내 교무실에 불려 가기를 밥 먹듯 했던 유년 시절이 글을 쓰는 지금도 생생하기만 하다.

가진 것 없이 시작하기는 결혼도 마찬가지였다. 보증금 500만 원에 월세 7만 원짜리 집에 신혼살림을 꾸렸다. 돈이 없으니 시작부터 힘들고 고달픈 건 당연했다. 신혼여행도 해외나 제주도는 꿈도 못 꾸었다. 전국을 일주하는 것으로 대신하고 돌아오니 수중에 남은 돈은 단돈 17만 원이 전부였다. 허심탄회하게 털어놓기 민망할 정도의 사연이다.

섬마을 가난한 농부의 아들로 태어나 모든 게 부족했지만, 그래서 더욱 필자의 머릿속에는 성공하고야 말겠다는 생각이 강하게 자리 잡았다. 하지만 생계를 위해 다양한 직업을 경험하는 동안 적성에 맞는 일을 만나기가 쉽지 않았다. 그러던 중 우연히 접한 것이 바로 '부동산 중개업'이었다.

우스갯소리지만 어릴 적 친구들과 하던 놀이 중 땅따먹기 하나만큼은 유독 잘했던 것을 보면 부동산과의 만남이 우연이 아닌 운명처럼 느껴지기도 한다.

부동산 상품은 아파트를 비롯해 토지, 건물 등 종류가 다양하다. 부동산 중개업으로 돈을 버는 사람들을 살펴보니 대개 주택(아파트) 중개나 지방 토지를 중개하는 사람이 대부분이었다. 필자는 아파트 단지 내에서 별다른 능력이나 기술 없이 주택 중개에 나서는 것만으로는 성에 차지 않았다. 또 텔레마케팅을 통한 사기 업체(기획부동산)가 기승해 지방 토지 중개는 이미 평판이 말이 아닌 수준이었다. 그때 필자의 눈에 들어온 것이 바로 빌딩(건물) 매매였다.

20년 전만 하더라도 빌딩 매매만 전문으로 중개하는 업체는 없었다. 그런데 당시 필자는 '자동차나 보험 같은 상품은 그리 넉넉하지 못한 사람이라도 손쉽게 얻을 수 있는 재화나 금융 상품이다. 하지만 빌딩은 다르다. 빌딩을 소유한 사람도, 빌딩을 사려는 사람도 모두 돈깨나 가진 사람들이다. 똑같이 영업을 해도 보험설계사나 자동차 딜러보다 훨씬 큰물에서 일할 수 있고 미래 또한 밝다'고 결론을 내렸다. 생각하면 할수록 빌딩 매매처럼 메리트가 큰 영업도 없었다.

마음을 굳힌 다음 고민한 것은 '그럼 어디에서 영업을 시작할 것인가'였다. 지금도 물론이지만 당시에도 이미 돈 많은 사람들은 강남에 모여 살았고, 값나가는 좋은 빌딩도 강남에 많다는 것이 주지의 사실이었다. 그렇게 해서 필자는 강남 지역 빌딩 매매에 나섰고 20여 년이 흐른 지금, '빌딩 매매 및 중개에 관한 한 대한민국 최고의 전문가'라 불리는 영광을 안게 되었다.

강남 지역 빌딩 매매 노하우를 세상에 내놓으려 하자 당장 우려의 목소리가 들려온다. 한마디로 요약하면 "자기 밥줄을 그렇게 공개해도 괜찮겠느냐"는 말이다. 하지만 필자의 생각은 조금 다르다.

대한민국은 부동산 공화국이라 해도 과언이 아니다. 그도 그럴 것이 가계 자산의 70% 이상이 부동산, 즉 주택에 쏠려 있다. 반면 부동산을 보는 눈은 여전히 아마추어 수준을 벗어나지 못한 사람이 대부분이다. 이혼 중인 부부가 3억 원짜리 아파트 1채를 놓고도 전문 변호사를 선임하곤 하는데, 막상 아파트를 구입할 때는 아무런 인연도 없는 부동산 중개인의 말만 철석같이 믿고 계약서에 도장을 찍는 것이다. 자격증을 보유하고 있다지만 전문적인 지식이 부족한 중개인도 많은 게 사실임을 생각하면 위험천만한 일이 아닐 수 없다.

필자는 그간 부동산을 통해 사회적으로나 경제적으로 안정을 찾을 수 있었다. 이제는 이러한 경험과 노하우를 일반에게 공개하는 것이 필자가 그간 받은 도움에 대한 보답이라는 생각이 든다. 20년이 넘도록 현장에서 몸소 느끼고 보았던 노하우들 말이다. 아파트나 호텔, 오피스텔 분양 업체에서 거금을 주겠다며 강연을 해달라고 하지만, 책을 통해 되도록 많은 이들에게 좋은 정보를 제공하겠다는 필자의 마음에는 변함이 없다. 주민센터나 백화점 문화센터, 은퇴자를 위한 강좌 등 소시민을 위해 나섰던 강연 내용을 더 많은 대중에게 공개하고 싶다는 욕망이 이 책을 출간하게 된 계기이다.

필자는 항상 "부동산은 잡초 같다"고 말한다. 사람은 물론 자전거, 심지어 자동차에 밟혀도 강하게 자라는 것이 잡초다. 온갖 병충해에 강한 것 역시 잡초의 끈질긴 생명력을 보여준다. '강남 빌딩'에 투자해야 하는 이유도 바로 이 지역 빌딩이 잡초와 같기 때문이다. 경기에 민감하지 않고, 공실의 우려가 없으며, 가격 하락 걱정이 없는 강한 부동산 상품이 바로 강남 빌딩이다.

지금까지 대한민국의 부동산 시장은 대부분 아파트 가격 상승이 이끌어 왔다. 그런데 이제는 예전처럼 자고 나면 몇 천만, 몇 억씩 오르는 시대가 아니고 그런 아파트도 없다. 최근 들어 은퇴자들 사이에서 안정적이고 꾸준한 수익형 부동산이 인기인 것도 '아파트 불패 시대'가 끝났다는 것을 의미한다. 가격도 꾸준히 오르고 임대 수익까지 발생하는 부동산 상품이 인기를 끌 것임은 불을 보듯 빤한 일이다.

대한민국은 자본주의 사회이다. 자본주의 체제 아래서는 누가 뭐라 해도 재산이 많은 사람이 행복해질 확률이 높다. 가진 돈이 많고, 그 돈으로 경제적 여유를 누리며 행복하게 사는 것이 우리 모두의 꿈이다.

'빌딩 투자'가 부동산 재테크의 꽃이라 불리는 이유도 이와 같다. 매월 고정적인 월세 수입이 회사에서 받는 월급처럼 들어온다고 생각해보자. 내 명의로 된 빌딩의 가치는 단순히 건물의 자산 가치와는 차원이 다르다. 시간이 지남에 따라 건물의 시세는 시세대로 오르고 매월 임대료가 들어오는 삶. 그러니 '조물주 위에 건물주가 있다'는 우스갯말까지 생긴 것이다.

그저 돈이 많아야 빌딩을 사들일 수 있다는 생각은 선입견에 불과하다. 경제적 여유를 실현하기 위해 남다른 노력과 고뇌가 뒤따르지 않는다면 당장은 몰라도 최후의 결과는 처참해지기 쉽다. '빌딩 투자'를 함에 있어 시행착오를 최대한 줄여 실패 확률을 낮추고, 반대로 성공 확률은 높이는 길을 많은 사람에게 알리는 것. 이것이 바로 20년 넘게 부동산 투자의 한 우물만 파온 필자가 책을 펴내기로 한 이유다.

책을 내며 우려스러운 점도 없지 않다. 책 내용이 혹여 독자에게 잘못 전달돼 지역적이고 편향적이라는 인상을 주지 않을까 하는 걱정이다. 대개 강남은 부자들이 사는 특수한 지역이고, 그런 강남에 있는 빌딩을 소유하는 것 역시 돈 많은 사람만 가능하다고 생각하기 쉽기 때문이다.

하지만 이런 선입견을 과감히 깨는 것도 필자의 주된 목표이다. 20여 년의 경험을 바탕으로 정확하게 전달한 강남 빌딩 시장의 동향과 시장 조사, 분석을 잘 활용한다면 빌딩 투자로 성공할 수 있다는 것이 필자의 확신이다. 이 책을 읽는 독자들이 빌딩 투자를 통해 경제적 여유를 얻어 다가오는 100세 시대를 풍요하게 맞이하길 기대해본다.

2016년 11월,

역삼동 빌딩 18층 펜트하우스에서

박종복

차례

PART 2

대한민국 부자들, 강남 빌딩 이렇게 산다

PART 3

재테크 고수, '스타'가 찜한 강남 빌딩

PART 4

강남! 강남! 강남!

대한민국 부동산의 중심, 강남의 모든 것

PART 5

대한민국 최고수의 특급 투자 노하우

● 건물의 면적은 ㎡로 표기하되 독자의 이해를 돕기 위해 괄호 안에 평수를 넣어 병기했음. 모든 면적은 소수점 첫째 자리에서 반올림했으나 예외적으로 3.3㎡(약 1평)의 경우 소수점 둘째 자리에서 버렸음.

PART 1

이렇게 하면 강남 빌딩 주인 된다

강남 빌딩 투자 노하우 A to Z

01 강남 빌딩, 오르는 물건에 '막차'란 없다

"퇴직 후 빌딩 하나 사는 게 꿈이야."

"빌딩 주인이 되어 월세나 받아가며 산다면 얼마나 행복할까?"

수십억 원을 주무르는 '큰손'이거나 요즘 유행하는 말처럼 '금수저'로 태어났다면 모를까, 돈 걱정 없이 살 수 있는 부자가 되고픈 욕망은 누구라도 마찬가지다. 아니, 오히려 큰손이나 금수저일수록 소위 '규모의 경제'를 실현해 더욱 큰 부자가 되는 것이 오늘날 전 세계적인 현실이다.

한국 사회에서 내로라하는 부자들을 보자. 이들 중 상당수가 부동산 부자들이다. 조 단위의 재산을 굴리는 재벌들도 땅과 건물에 집착한다. 특히 우리나라는 개인 자산의 70%에 육박하는 돈이 부동산에 쏠려 있는 구조적 특징을 보이고 있다. '자산' 하면 부동산, 즉 토지와 건물을 떠올리는 것이 한국인들이다. 최근 들어 이러한 부동산 쏠림 현상이 부유층을 중심으로 완화되고 있는 것도 사실이다. 하지만 강남 부자를 비롯한 한국 부자들이 예금과 보험, 주식 같은 금융자산을 늘려가면서도 유일하게 투자에 열을 올리는 부동산이 있다. 바로 '강남 빌딩'이다.

강남 건물 가격 상승표

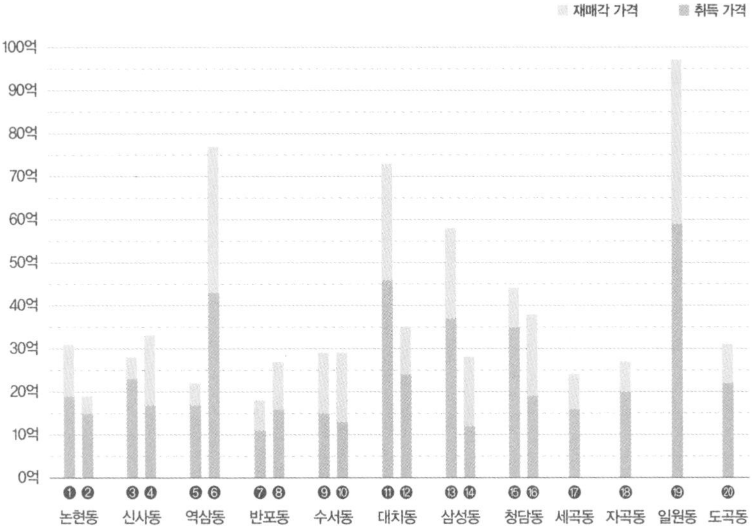

번호	소재지	취득 가격	취득 일자	재매각 가격	재매각 일자	보유 기간	시세 차익금 (각종 세금 별도)	월 가격 상승분
❶	논현동	19억 원	2012년 09월 10일	31억 원	2015년 01월 08일	27개월	12억 원	4444만 원
❷	논현동	15억 원	2015년 08월 03일	19억 원	2016년 05월 16일	9개월	4억 원	4444만 원
❸	신사동	23억 원	2008년 04월 07일	28억 원	2010년 06월 14일	26개월	5억 원	1923만 원
❹	신사동	17억 원	2007년 12월 03일	33억 원	2016년 06월 17일	102개월	16억 원	1568만 원
❺	역삼동	17억 원	2012년 03월 16일	22억 원	2014년 02월 03일	22개월	5억 원	2272만 원
❻	역삼동	43억 원	2007년 11월 26일	77억 원	2010년 09월 06일	33개월	34억 원	1억303만 원
❼	반포동	11억 원	2011년 02월 21일	18억 원	2015년 09월 08일	54개월	7억 원	1296만 원
❽	반포동	16억 원	2007년 11월 23일	27억 원	2011년 12월 09일	48개월	11억 원	2291만 원
❾	수서동	15억 원	2008년 11월 17일	29억 원	2016년 04월 18일	89개월	14억 원	1573만 원
❿	수서동	13억 원	2005년 05월 16일	29억 원	2015년 02월 09일	116개월	16억 원	1380만 원
⓫	대치동	46억 원	2009년 07월 27일	73억 원	2016년 05월 20일	81개월	27억 원	3334만 원
⓬	대치동	24억 원	2012년 06월 01일	35억 원	2014년 05월 26일	23개월	11억 원	4782만 원
⓭	삼성동	37억 원	2007년 08월 17일	58억 원	2010년 08월 26일	36개월	21억 원	5834만 원
⓮	삼성동	12억 원	2008년 10월 06일	28억 원	2014년 05월 30일	67개월	16억 원	2388만 원
⓯	청담동	35억 원	2012년 02월 28일	44억 원	2014년 11월 05일	32개월	9억 원	2812만 원
⓰	청담동	19억 원	2011년 04월 15일	38억 원	2015년 02월 16일	46개월	19억 원	4131만 원
⓱	세곡동	16억 원	2010년 06월 07일	24억 원	2016년 02월 15일	68개월	8억 원	1176만 원
⓲	자곡동	20억 원	2010년 11월 18일	27억 원	2016년 06월 13일	66개월	7억 원	1061만 원
⓳	일원동	59억 원	2008년 07월 11일	97억 원	2016년 05월 23일	94개월	38억 원	4042만 원
⓴	도곡동	22억 원	2008년 11월 24일	31억 원	2016년 06월 24일	91개월	9억 원	989만 원

부자들이 강남의 빌딩에 목을 매는 이유는 무엇일까? 앞 쪽의 그래프와 표를 보자. 실제 강남 지역에서 이뤄진 빌딩 매매 사례다. ⑥을 보면 2007년 11월 26일 43억 원에 산 건물을 불과 33개월 후 77억 원에 팔았다. 아파트 같은 부동산은 물론이고 여느 금융 재테크 사례와도 비교할 수 없을 정도의 시세 차익을 실현한 것을 볼 수 있다. 다른 거래 사례도 비슷하다. '거품이 낀 것 아니냐'는 우려를 살 정도로 엄청난 수준의 투자 수익률과 시세 차익을 기록했다.

특히 눈여겨볼 것은 '월 가격 상승분'이다. 월세를 놓아 받는 임대 수익은 물론이고, 여기에 가격 상승분을 해당 보유 기간으로 나눠 얻은 월 가격 상승분 역시 투자자에게는 곧 월세와 같은 개념이다. 위의 사례만 봐도 직접적인 임대 수익 외에, 시세 상승에 따른 월 수익만 1억303만 원에 달한다는 것을 알 수 있다.

만약 토지였다면 어떠했을까? 2~3년 사이에 수십억 원의 시세 차익을 보려는 땅 주인이 있다면 당장 '사기꾼'이라는 딱지가 붙었을 것이다. 이렇게 일반적인 부동산 거래 양상이 통하지 않는 지역이 바로 강남이고, 특히 여러 부동산 상품 중에서도 일반인의 눈으로 보면 비정상적인 거래가 속출하는 것이 바로 빌딩이다.

위의 매매 사례를 다시 한 번 보자. 전 소유주가 해당 빌딩을 얼마에 샀는지는 등기부등본만 떼어 봐도 바로 확인할 수 있다. 새로 빌딩을 매입하려는 사람 입장에선 당장 "내가 이 가격에 사면 원래 주인에게 엄청난 시세 차익이 남겠구나" 하는 소리가 나오고도 남는다. 사촌이 땅을 사도 배가 아플 지경인데, 생판 모르는 남에게 수십억 원의 이익을 챙겨 주는 거래가 서슴없이 이뤄지는 곳, 그곳이 바로 강남이다.

강남 빌딩 가격 상승률 '따라올 자 없다'

강남 부자들이 주저 없이 통 큰 베팅에 나설 수 있는 배경은 무엇일까? 타고난 배포가 남보다 커서 부자가 된 것일까? 그도 아니면 워낙 돈이 많아 푼돈(?) 몇 푼에 벌벌 떨지 않는 것일까? 아니다. '있는 놈이 더하다'는 말처럼 강남 부자라 할지라도 적은 돈을 아끼기 위해 벌벌 떠는 경우가 허다하다. 그렇다면 수십억 원의 웃돈을 척척 얹어주는 빌딩 거래에 거리낌이 없는 강남 부자들은 왜 그럴까? 이들은 대부분 '나도 몇 년 후면 똑같은 시세 차익을 거둘 수 있다'는 사실을 알고 있다. 그러니 원주인에게 거액의 차익을 남겨줬다는 생각 같은 건 할 겨를도 없다. 이들의 머릿속에는 이미 몇 년 전의 시세는 없다. 거래 당시의 시세에 비해 매매가가 적정한 수준인지만 파악하면 그만이다.

반대의 경우도 있다. 전 소유주가 50억 원에 산 빌딩을 30억 원에 내놓았고 이를 매입했다고 가정해보자. 아파트 같은 경우라면 급매물을 잘 건진 케이스로 축하받을 만한 일이다. 하지만 강남 빌딩이라면 이야기가 조금 달라진다. 20억 원을 싸게 샀다고 해서 능사가 아니기 때문이다. 원래 주인 입장에선 30억 원도 안 나가는 가치의 빌딩을 50억 원에 사서 손해를 본 경우일 수 있다. 그것이 아니라면 가격이 빠지는 물건을 '폭탄 돌리기' 한 경우일 수도 있다. 수십억 원의 웃돈을 얹어 사든, 수십억 원을 싸게 사든 중요한 것은 거래 당시의 정당한 시세 흐름이다.

어떤 부동산이든 거래 차익이 많이 남는 상품이 좋은 부동산이라는 것은 두말할 필요가 없다. 강남 빌딩도 마찬가지다. 가격 상승률과 상승폭에서 강남 빌딩을 따라올 부동산 자산은 대한민국에 존재하지 않는다. 주식으로 비유하자면 삼성전자를 떠올리면 쉽다. 10년, 20년 전 삼성전자 주식을 산 투자자가 지금까지 이 주식을 보유하고 있다고 가정해보자. 상상만

해도 아찔한 투자 수익률이 떠오르게 마련이다. 강남 빌딩도 그렇다. 오르는 물건에 막차란 없다.

엄청난 가격 상승률과 수익률 외에 강남 빌딩의 또 다른 특징은 실제로 사용할 목적으로 매입하는 사람이 많다는 것이다. 예를 들어 빌딩 1채를 사서 2개 층 정도를 주인이 쓰고 나머지는 월세를 받아 대출이자를 내는 식이다. 임대로 들어와 있던 이가 해당 건물을 직접 매입하는 경우가 많은 이유다. 새로 빌딩을 산 사람 입장에선 매달 임대료를 내고 쓰다가 공짜로 쓰니 좋고, 건물의 가치가 올라가 자산 가치도 높아지니 일석이조다. 자신이 주인인 건물이니 빌딩 이름을 회사 이름과 같이 쓰면 '사옥'이 마련되는 셈이다. 바이어에게 건넨 명함에 사옥의 주소가, 그것도 강남 한복판의 주소가 찍혀 있다고 생각해보자. 회사를 대하는 사람의 마음가짐이나 기업에 대한 이미지 자체가 달라지게 마련이다.

02 부채도 자산이다, 은행 대출을 최대한 활용하라

부동산을 살 때 대출을 받는 이유가 무엇일까? “가진 돈이 부족해서”란 말은 너무 기본적이고 일차원적인 답변이다. 부동산을 취득할 때 돈이 부족해 대출을 받기도 하지만, 자산가들의 경우 세금 문제 때문에 대출을 ‘활용’하는 경우가 훨씬 많다. 자금 출처를 밝히기가 그만큼 쉽기 때문이다. 예를 들어 2억 원의 자기 돈에 2억 원의 대출을 받아 4억 원짜리 아파트를 샀다고 가정해보자. 국세청의 매입 자금 추적이 있더라도, 자기 돈 2억 원을 제외한 부채 2억 원은 ‘은행 대출’이란 명목으로 간단히 소명할 수 있다.

덩치가 훨씬 큰 빌딩 거래를 보자. 한 자산가가 자기 돈 30억 원을 주고 빌딩 1채를 샀다. 1년 후 시세가 10% 올랐다고 가정하면 3억 원의 차익을 거둔 셈이다. 그런데 만약 이 자산가가 자기 돈 30억 원에 대출 30억 원을 받아 60억 원짜리 빌딩을 샀다면 어땠을까? 똑같이 10%의 가격 상승률을 가정할 경우 6억 원의 시세 차익을 거두게 된다. 자기 돈 30억 원을 투자해 3억 원을 번 경우와 은행 대출 30억 원을 더 받아 6억 원을 번 경우, 어느 투자자가 더 현명한지는 굳이 말하지 않아도 알 것이다. 이처럼 적당한 수준의 부채를 활용해 더 큰 수익을 거두는 것이 바로 대한민국 부동산 부자들의 일반적인 투자 노하우다. 부채도 자산이라 부르는 이유다.

부채 활용해 더 큰 수익 거둔다

실제 투자 사례를 보자. 서울 청담동 소재 대지 331㎡(100평)의 단독주택을 35억 원에 사려는 고객이 있었다. 이 고객은 주택을 구입한 후 아들 셋에게 증여하고 공동 명의로 하기를 바랐다. 그런데 마침 인근에 661㎡(200평) 대지의 단독주택이 60억 원에 매물로 나왔다. 애초 계획대로 대지 331㎡(100평)의 주택을 35억 원에 사면 3.3㎡(1평)당 3500만 원꼴이 된다. 반면 대지 661㎡(200평)의 주택은 3.3㎡(1평)당 3000만 원꼴이니 비슷한 가치의 주택이라면 응당 661㎡(200평)짜리 주택을 사는 게 유리한 선택이다.

하지만 이 고객은 "대출을 적절히 활용하시라"는 필자의 권유에 단지 "빚(대출)을 지는 게 싫다"는 이유로 완곡히 거절했다. 필자의 입장에선 시세보다 10억 원이나 싼 물건을 포기하고 만 것이다. 지금 생각해도 매우 안타까운 사례다. 고액 자산가라 해도 부동산 재테크에 관심이 없고 잘 모르니 생긴 결과다.

앞서 예를 든 대출금 30억 원을 활용한 투자로 돌아가보자. 내게 현금 30억 원이 있을 때 대출 30억 원을 받아 60억 원짜리 빌딩을 사는 것이 무조건 최선의 투자법은 아니다. 이런 경우 30억 원을 대출 받아 20억 원짜리 건물 3채를 살 수도 있다. 내 돈 10억 원과 대출 10억 원을 합한 20억 원짜리 빌딩 3채의 주인이 되는 방법이다. 재테크의 기본이라고 할 수 있는 분산 투자가 빌딩 투자에도 적용되는 것이다. 지역마다 가격이 오르는 수준도 천차만별이니 자산을 나누어 활용하는 방법이 리스크 관리에 유리하다. 또 20억 원 상당의 빌딩 가격이 10% 오르는 건 쉬워도, 60억 원짜리 빌딩이 10% 오르기는 생각보다 쉽지 않다. 요즘 소형 아파트가 인기인 이유와 비슷하다.

현금 5억 원을 손에 쥔 사람이 5억 원을 대출 받아 10억 원짜리 빌딩을 사는 게 나을까, 아니면 똑같은 금액을 대출 받아 2억~3억 원짜리 빌딩 3~4채를 사는 게 나을까? 초보 투자자라면 후자가 낫다. 전쟁에서 1선이 무너지면 2선에서 받쳐주는 것과 같은 이치다. 가격이 낮은 빌딩으로 경험과 감을 더 쌓은 후 10억 원짜리 빌딩으로 돌아서도 좋다. 이때부터 전문가의 영역으로 들어서는 것이다.

03 강남 빌딩 매매 차익, 이렇게 실현하라
-5억 원 들여 28억 원 다가구 건물주 된 K씨

부채를 잘 활용한 실제 투자 성공 사례를 소개한다. 수중의 돈 5억 원으로 매매가 23억 원의 다가구주택 매입에 성공한 사례다.

평소 다가구주택 투자에 관심이 많던 K씨는 자기 돈 5억 원에 은행에서 9억 원을 대출 받았다. 눈여겨보던 다가구주택의 매매가는 23억 원. K씨가 자기 돈과 대출금을 합해 14억 원만 마련한 데는 이유가 있었다. 다가구주택의 기존 전세 보증금 9억 원을 안고 샀기 때문이다. 정리해보면 [자기 돈 5억 원+은행 대출금 9억 원+전세 보증금 9억 원=매입가 23억 원]이 된다. 순수한 자신의 돈 5억 원으로 23억 원의 다가구주택을 사들인 경우다.

K씨는 다가구주택 매입 후 후속 작업도 게을리하지 않았다. 일반적으로 다가구주택 건물에 대한 은행 대출금은 짠 편이다. 은행 입장에선 그럴 수밖에 없다. 최악의 경우로 항상 경매를 염두에 두고 있는 것이 은행이다. 딸린 방이 많다는 것은 그만큼 대출금을 떼이는 리스크도 크다는 것을 의미한다. 그렇기에 대개 은행에서는 임대 가구 한 가구당 3500만 원 정도

(서울의 경우이며 지역에 따라 조금씩 다르다)를 미리 떼어놓은 뒤 대출금을 산정한다. 소액임대차보호법에 의해 은행이 세입자에게 소액 보증금을 물어줘야 하기 때문이다.

이런 전후 사정을 잘 알고 있던 K씨는 건물 매입 후, 계약 기간이 남은 세입자가 살고 있는 방의 용도를 '주택'에서 '업무시설'로 바꾸는 작업에 들어갔다. 이렇게 하면 해당 방에 대해서는 이후 새로운 전입이 불가능해진다. '주택' 용도가 아니니 당연하다.

'업무시설' 용도로 바뀐 후 은행의 입장은 어떻게 달라졌을까? 은행이 부동산 담보 대출 시 제일 먼저 확인하는 것이 건축물관리대장이다. 서류상에 다가구, 즉 주택이 아닌 상가로 되어 있으면 추가 대출 시 이전에 잡아두었던 소액임대차보호금도 사라지게 마련이다. 주택에서 업무시설로 용도를 변경하는 데 드는 시간은 길어야 열흘 남짓에 불과하다. 실제로도 주거를 겸한 오피스텔에서 안방을 사장실, 거실을 사무실로 쓰는 경우도 허다하니, 구청에서 제재할 사항도 아니다.

아파트 1채 가격으로 강남 빌딩 주인 되기

만약 만기 이전에 전세 세입자를 내보내려 한다면 어떻게 해야 할까? 이 경우 부족한 반환 보증금 역시 은행 대출을 통해 해결할 수 있다. 애초에 받은 은행 융자는 전세 보증금 9억 원에 대한 대출금 성격이었다. 그러나 현재는 전세 보증금 9억 원이 8억 원으로 줄었고, 용도도 주택에서 업무시설로 바뀌었으니 은행 입장에선 담보 가치가 오른 셈이다. K씨 입장에서는 은행에서 추가로 대출 받은 1억 원에 대한 이자만 조금 더 물면 그만이다.

이렇게 1년 정도 지나면 어떻게 될까? 강남 빌딩은 적게는 7%, 많게는 18% 정도 오르는 게 일반적이다. K씨가 사들인 다가구주택 건물도 마찬가지다. 재수가 없다 해도 2억~3억 원은 오른다. 23억 원 가치가 25억 원이 된 것이다. 1년 후 전세 보증금 반환에 필요한 추가 대출의 담보 가치도 해당 건물의 1년 정도 가격 상승분을 반영하게 마련이다. 주택을 업무시설로 용도 변경해 은행 입장에서도 선순위 소액임대차보호금이 사라졌으니 오히려 유리하다. K씨는 이런 식으로 전세 만기가 다가올 때마다 1채씩 은행 대출을 활용하면서 업무시설로 바꾸는 작업을 계속해 나가고 있다. 은행에는 업무시설로 바뀐 건축물대장만 보여주면 그만이다.

이런 식으로 2년이 지난다면 어떨까? 2년간 건물 시세가 20% 올랐다고 보면, 4억6000만~5억 원 정도 오른 셈이고, 건물 시세는 28억 원에 달한다. 그 사이 K씨가 추가로 들인 현금은 제로(0)다. 다만 은행 대출금은 18억 원으로 늘었다. 그런데 주택에서 업무시설로 바뀌면서 임대 보증금은 2억~3억 원으로 줄었고 전체 월세(임대료)도 1200만 원 정도로 늘려 받을 수 있게 됐다.

이때 은행 융자 18억 원에 대한 이자는 2016년 현재 금리 수준을 고려하면 매달 600만 원 정도다(대출 금리는 조건에 따라 사례별로 조금씩 다르다). 임대 수익 1200만 원에서 은행 이자 600만 원을 빼도 매달 600만 원의 순수입이 남는다는 계산이 나온다. 더욱 중요한 사실은 건물의 가치가 2년 전 매입가보다 5억 원이 오른 28억 원이 돼 있다는 것. 은행 대출, 즉 부채 18억 원을 빼도 내 돈 10억 원이 살아 있는 셈이다. K씨의 순수 투자금 5억 원은 2년 새 10억 원으로 2배가 되었고, 여기에 월 순수입 600만 원은 덤이다. 직장인이라면 매달 부수입 600만 원이 수중에 들어온다는 뜻이다. 이후에는 어떨까? 강남 빌딩이라면 계속 오를 가능성이 99%다. 평소 은행 직원들과 친하게 지내야 하는 이유다.

물론 "5억 원이 누구네 집 개 이름이냐"라며 따질 수도 있다. 그런데 절반을 뚝 떼어 2억5000만 원이 있다고 가정해보자. 그러면 23억 원이 아니라 13억 원짜리 물건으로 시작할 수 있다는 뜻이 된다. 발품 팔아 찾아보면 가능한 물건이 얼마든지 있다.

서울시의 아파트 평균 전세가가 4억 원이다. 매매가는 5억 원을 넘어 거의 6억 원에 육박한다. 아파트 1채 값, 아파트 1채 전세금으로 이런 '선물(강남 빌딩)'을 가질 수 있느냐 없느냐의 관점으로 접근해야 한다는 게 필자의 생각이다. 6억 원짜리 아파트에 살고 있다면 3억 원짜리 반전세로 옮기고, 나머지 3억 원을 투자할 수도 있다. 기왕 재테크를 시작하려 하고, 강남 빌딩처럼 확실한 물건이라면 투자금 1억~2억 원으로도 자산 가치를 크게 높일 수 있다. 과감한 결단, 즉 도전하는 자와 그렇지 않은 자의 결과는 하늘과 땅 차이일 수밖에 없다.

강남 빌딩이 오를 수밖에 없는 이유

강남 지역의 빌딩 가격이 오를 수밖에 없는 가장 큰 이유는 건물을 매입하는 목적 자체가 다른 지역과 다르기 때문이다. 강남을 제외한 타 지역의 경우 빌딩을 사는 사람의 90%가 임대 수익을 거두는 것이 목적이다. 그러나 강남은 다르다. 상당수가 직접 사업체를 운영할 목적으로 건물을 사들인다. 강남에서 사업을 하는 이들의 월평균 임대료는 4000만 원 수준이다. 4000만 원이면 은행에서 무려 130억 원을 대출했을 때 물어야 하는 이자 수준이다.

사업가 입장에서 60억 원짜리 빌딩을 내 돈 10억 원에 50억 원을 대출받아 매입했다고 가정해보자. 내 돈 10억 원에 기존 전세 보증금이 5억 원 포함돼 있다고 하면, 실제 순수 투자금은 5억 원에 불과하다. 50억 원을 대출 받으면 매달 이자가 1200만 원 정도다. 매달 4000만 원 내던 임대료를 1200만 원으로 줄이면서 건물은 내 건물이 된 것이다. 만기가 되면 억울하게 날려야 했던 사무실 인테리어 비용, 사무실 이전 시 추가로 들었던 원상복구 비용 같은 건 이제 남의 일이다. 더욱이 건물 외벽에 설치한 기업 홍보용 간판만 보면 그야말로 '사옥'을 마련했다는 기쁨에 밤잠을 설칠 정도다. 이 책을 읽는 독자라면 어떤 선택을 해야 할까?

법원 경매에 강남 빌딩이 자주 나오지 않는 데도 다 이유가 있다. 비싸도 팔린다는 게 강남 빌딩이다. 반대로 강북 빌딩은 싸도 안 팔리는 경우가 많다. 이에 비해 강남 빌딩은 월세가 많이 나오지 않는 건물도 나오기가 무섭게 팔린다. 이유는 가격 상승폭에 있다. 즉 시세가 오르는 속도가 다르다는 뜻이다. 여기서 잠깐 시세와 수익률에 대한 얘기를 해보자. 아파트 전세를 놓고 있는 집주인 입장에서 아파트 가격이 오르는 게 나을까, 아니면 전세 가격이 오르는 게 나을까? 아마도 대부분 전세 가격보다는 매매 가격이 오르는 게 낫다고 생각할 것이다. 강남 빌딩의 연평균 수익률은 3~4% 선이며, 강북과 수도권의 경우는 5~6%가 넘는다. 그렇다면 강남과 강북, 수도권의 수익률 차이는 왜 나는 것일까? 강남 지역은 빌딩 가격이 오르는 속도를 임대료가 따라가지 못하지만 다른 지역의 경우에는 빌딩 가격 상승률은 저조한 반면 임대료는 조금씩 오르기 때문이다. 시세로 따지면 강북의 빌딩 가격은 연평균 2~3% 오르는 수준이 일반적이다. 월세 몇 백만 원 더 나온다고 해봐야 큰 이득을 보기 어려운 가격 구조다.

필자에게 상담을 의뢰했던 한 고객의 사례가 떠오른다. 지금부터 15년 전 서울 양천구 신월동에 땅을 사 건물을 지은 고객이다. 직업이 의사인 이 고객은 당시 3.3㎡(1평)당 1800만 원에 땅을 매입했다. 현재 시세는 얼마일까? 3.3㎡(1평)당 2000만 원이다. 그 고객은 "부동산은 거의 안 올랐지만 병원을 운영해서 돈은 벌었다"라고 말했다. 15년 사이 불과 200만 원밖에 오르지 않은 것을 경험하고는, 병원은 계속 신월동에서 하되 건물은 강남 소재 빌딩을 사는 게 낫다는 결론을 내리고 찾아온 경우다. 지금이라도 그런 결정을 내렸으니 현명하다고 해야 할까. 10년 전인 2005년, 강남 테헤란로의 땅값은 3.3㎡(1평)당 1억~1억2000만 원 수준이었다. 지금은 2억5000만~3억 원 사이이다. 이 고객이 15년 전에 강남 빌딩을 샀다면 지금 얼마가 됐을까? 15년이나 지난 후에야 강남 빌딩의 가치를 알았다는 게 안타까울 뿐이다.

은행 대출, '삼박자' 맞아떨어져야 성공한다

자녀 둘을 둔 40대 초반으로 광고대행사를 운영하는 P씨. 경쟁사가 늘고 경기도 안 좋아지면서 수익이 줄자 새로운 재테크 기회를 찾고자 필자를 찾아왔다. 마침 아내와 자녀들의 캐나다 유학을 앞두고 있던 터라 새로운 수익원이 절실한 상황이었다.

P씨의 가용 현금은 5억 원 정도. 필자는 이런 그에게 매매가 53억 원의 강남 빌딩을 추천했다. 해당 빌딩은 전체 임대 보증금 4억 원에 월 임대료가 3000만 원 나오는 물건이었다. 통상 소유권 이전 비용이 매매가의 5% 정도이므로 이 빌딩의 경우 2억5000만 원 정도였다. 소유권 이전 비용과 매매가를 다 합친 실제 소요 비용은 55억5000만 원이다.

P씨가 은행에서 받은 대출금은 49억 원이다. 대출금과 보증금 4억 원을 합치면 53억 원. 이렇게 되면 실제 건물 매입에 부족한 돈은 2억5000만 원에 불과하다. 5억 원의 가용 자금 중에 절반인 2억5000만 원을 들여 53억 원 상당의 빌딩을 매입하는 데 성공한 사례다. 49억 원의 1달 이자는 1300만 원 정도. 매달 3000만 원의 월세를 받으니 은행 이자를 물고도 1달에 1700만 원의 수익이 남는 셈이다.

내 돈 2억5000만 원 투자에 월 1700만 원의 수익이 남으니, 수익률로 치면 무려 80%의 대박 상품이다. P씨는 또 매달 700만 원을 원리금 상환 방식으로 갚겠다고 은행과 합의하는 계약도 맺었다. 현재 P씨는 매달 1700만 원의 수익 중 700만 원은 원리금 상환, 나머지 1000만 원은 자녀 유학비로 송금하고 있다. 만약 P씨가 2억5000만 원을 은행에 넣어두었다면 어땠을까? 매달 15만 원 정도의 이자가 그의 손에 떨어졌을 것이다.

물론 P씨의 사례는 대출 금액이 매우 큰 경우이긴 하다. 이렇게 큰 규모의 대출이 가능했던 건 P씨의 개인 신용도가 매우 우수했기 때문이다. 은행 대출의 첫째 조건은 개인 신용도, 그다음이 담보물의 가치, 마지막이 수익률(월세 수익)이다. 세 가지 항목을 모두 만족시키는 경우라면 매매 대금은 물론 소유권 이전 비용까지 은행이 대주는 경우도 있다. 심지어 서로 대출해주겠다고 은행 간 경쟁이 벌어지기까지 한다. P씨는 삼박자가 모두 맞아떨어진 최상위권의 은행 고객이었다.

일반적으로 신용도를 높이는 가장 손쉬운 방법은 적금을 많이 드는 것이다. 50만 원짜리 1개보다 10만 원짜리 5개가 낫다. 빚이 없다고 신용도가 올라가는 것도 아니다. 대출금 상환이 무리 없이 잘 이뤄지면 평소 은행 대출을 이용한 실적이 플러스 요인으로 작용한다. 다만 저축은행이나 캐피탈 등 제2금융권 거래는 무조건 피하는 게 좋다.

일반인이 잘 모르고 당하는(?)는 것이 리스 차량 거래다. 리스 차량은 주로 캐피탈을 통해 이뤄지는 경우가 많다. 리스 기간 동안 리스 차량 이용자가 캐피탈의 채무자가 되는 방식이다. 단지 리스 차량을 이용했을 뿐인데 제2금융권의 채무자가 되는 셈이다. 리스 차량이 꼭 필요하다면 회사(법인) 명의의 렌터카를 이용하는 게 좋다.

대출, 얼마나 받아야 적당할까?

부채도 자산이라지만 자신의 가용 자산 수준을 넘어서는 부채는 금물이다. 일반적으로 대출금리가 5% 이상이면 매매 대금의 30% 이내에서 대출을 받는 것이 적정한 수준이다. 20년 넘게 부동산 전문가로 일해온 필자가 오랜 세월 동안 몸으로 겪으며 얻어낸 결론이다.

만약 대출금리가 4%대면 매매 대금의 40%까지는 큰 문제가 없다. 3%대로 떨어지면 50%까지도 괜찮다. 금리가 3%에서 5%로 오르려면 최소한 3년 이상 걸리게 마련이다. 더욱이 최근 우리나라는 사상 최저 수준의 금리 시대를 맞고 있다. 바꿔 말하면 실수요자 입장에선 바로 지금이 내 집 마련에 좋은 시기라는 뜻이다.

현재 살고 있는 집이 있음에도 "집을 더 사야 되느냐"고 묻는 부자도 많다. 이런 경우 필자는 굳이 집을 사려 하는 이유를 물어본다. 시세 차익을 보고 사려 한다면 투기다. 이럴 때는 매입을 말린다. 그런데 "20~30평대로, 아이 신혼집을 마련해주려 한다"는 식이면 매입을 권한다. 실수요여야 한다는 뜻이다.

04 빌딩, 올린다고 능사가 아니다

빌딩 주인이 되는 방법은 두 가지다. 이미 지어진 빌딩을 매입하는 경우가 첫째다. 둘째 방법은 오래된 건물을 헐거나 아무것도 없는 나대지에 빌딩을 신축하는 경우다. 두 경우 모두 건물주가 되려는 입장에서 가장 먼저 고려해야 할 것이 바로 빌딩의 '용도'이다. 즉 누가, 어디에, 어떻게 쓸 건물인지를 제일 먼저 고려해야 한다는 뜻이다. 해당 건물에 어떤 사람이 임대를 들어오고, 어떤 업종이 들어올 것인지, 또 임대 수요는 있는 지역인지, 면적은 어느 정도가 적당하고 임대인들에게 인기가 있는지 등을 면밀히 분석한 후 이에 맞는 빌딩을 사거나 올려야 한다.

'사옥용' 빌딩과 '임대용' 빌딩은 다르다

빌딩의 용도는 크게 '사옥용'과 '임대용'으로 구분할 수 있다. 사옥용은 기업이 업무 공간으로 쓰기 위해 입주하는 빌딩을 말한다. 임대용은 건물주가 임대료(월세)를 받는 것이 목적인 수익형 빌딩을 말한다.

먼저 사옥용 빌딩을 구체적으로 살펴보자. 사옥용 빌딩은 해당 건물에 입주한 기업이 쓰기 좋게끔 짓는 것이 일반적이다. 회사의 직원들을 위해, 업무상 편한 구조로, 기업 CEO의 입맛에 맞게 짓는다는 뜻이다. 그러니 범용성이 떨어지고 부동산 시장에서도 인기가 좋을 리 없다. 특정 회사가 사옥으로 쓰던 건물이다 보니 새로 입주할 사람 입장에선 자신의 입맛에 맞는 구조를 찾기 어려운 게 당연하다.

앞서 설명했듯 사옥용 빌딩은 대부분 기업의 오너나 CEO가 좋아하는 콘셉트로 건물을 올리는 경우가 많다. 여기서 한 가지 명심할 점이 있다. 빌딩을 살 땐 절대로 '내가 좋아하는 물건'은 피해야 한다. 그럼 어떤 빌딩이 좋은 물건일까? 바로 '남이 좋아하는 건물'이라야 한다. 내가 아닌 남이란 해당 건물을 새로 사들이거나 임차해 들어올 사람을 말한다. 사람들에게 인기 있는 건물은 그만큼 수요가 크다는 뜻이다. 나만 좋아하고 내 멋에 지은 건물은 나중에 팔려고 해도 적당한 새 주인이나 임차인을 만나기가 쉽지 않다.

사옥용 빌딩은 임대용으로 전환하기도 어렵다. 원조 한류 스타로 유명한 배우 R씨의 경우가 좋은 예다. R씨는 일본에서 활발한 활동을 한 영향 때문인지, 새로 건물을 지으면서 내진 설계에 특별한 공을 들였다. 그 결과 진도 8.5에도 무너지지 않는 튼튼한 빌딩을 올렸다. 그런데 엄청난 지진에도 견딜 만큼 내구성을 확보한 대신 건물의 구조는 포기해야 했다. 건물 한 가운데에 커다란 기둥이 배치됐기 때문이다. 이런 스타일의 건물은 요즘에는 보기 어려운 구식이고 평면 활용성이 떨어지며 구조 자체가 답답할 수밖에 없다.

R씨는 또 자가용 출퇴근자가 많은 자기 회사 직원들을 위한답시고 건물 1층을 주차장으로 만들었다. 일반적으로 빌딩의 1층은 건물 전체 임대료의 20~25%를 차지하는 알짜배기 층이다. 해당 지역의 비슷한 빌딩 1층의

1

월세는 약 1000만 원 정도다. 매달 1000만 원의 부수입을 날려버린 것은 물론 1층 전체를 죽여버린 것이나 다름없다.

빌딩 1층에 주차장을 만들면 훗날 리모델링을 할 때에도 여간 까다로운 게 아니다. 예를 들어 주차장으로 활용하던 1층을 상가로 리모델링할 경우, 추가로 리모델링 전의 공간만큼 주차 공간을 확보해야 하기 때문에 애를 먹는 경우가 많다. 대형 연예기획사의 대표이자 유명 가수인 P씨가 소유했던 빌딩(사진 1)이 좋은 예다. 해당 건물은 1층이 주차장으로 꾸며져 있어 활용도가 떨어지는 편이었는데, 이를 모 재벌 그룹 총수의 여동생이 76억 원에 사들였다. 주변 지역을 참고하면 해당 건물의 1층은 레스토랑이나 커피숍으로 딱 좋은 자리였다.

건물을 새로 사들인 재벌가 빌딩 주인도 매입 후 리모델링에 나섰다. 그런데 해당 지자체(구청)가 애초 빌딩 건축 시 할당된 주차대수를 확보하지 못했다는 이유로 리모델링 허가를 내주지 않았다. 해당 빌딩 주인은 '가수 P의 빌딩'이라는 이름값에 혹해 건물을 사들였다. 업계에선 이런 경우를 '눈먼 구입'이라 말한다. 전문가의 눈으로 보면 1층만 제대로 활용했어도 90억 원은 족히 나갔을 건물이 10~15억 원 정도 빠진 금액에 거래된 사례다.

임대 수요 없는 임대용 빌딩은 무용지물

그리도 고대하던 빌딩 주인이 됐다고 상상해보자. 1년이면 수십억 원이 오르고 매달 임대료도 꼬박꼬박 들어오며 경제적 여유를 얻을 기쁨에 상상만으로도 행복해진다. 그런데 빌딩은 소유주가 영원히 한 사람일 수는 없다는 점을 명심해야 한다. 빌딩을 내가 샀다고 해서 영원히 내 건물일 수는 없다는 말이다. 언젠가는 팔 것이고 새 주인을 만나야 하는 게 빌딩의 숙명이니 내가 아닌 남이 좋아하는 스타일로 짓거나 남이 좋아하는 빌딩을 구입해야 한다.

이번에는 임대용 빌딩(사진 2)을 살펴보자. 임대용, 즉 수익형 빌딩을 원하는 사람들은 나대지를 보거나 낡은 건물을 보면 부수고 새로 지을 생각부터 먼저 하게 마련이다. 싸게 나온 땅에 건물을 올려 임대 수익을 얻어야겠다는 생각만 머릿속에 가득하다. 그러나 이보다 먼저 고려해야 할 것은 과연 '해당 지역에 임대 수요가 있느냐'부터이다.

이를 위해서는 가장 먼저 인근 지역의 수요를 정확히 예측해야 한다. 165㎡(50평)짜리가 인기 있는 동네인데, 264㎡(80평)짜리 사무실 하나를 만들어봐야 소용이 없다. 최대로 뽑을 수 있는 공간이 264㎡(80평)라면 165㎡(50평)짜리 하나, 99㎡(30평)짜리 하나로 2개의 사무실을 만들어야 그 지역의 수요에 맞는 임차인을 들일 수 있다. 264㎡(80평)짜리 수요가 없는 지역에 보기에만 좋은 큰 사무실을 만들어놓고 만족해봐야 돌아오는 건 공실

일 확률이 크다. 264㎡(80평)짜리 사무실의 월세가 500만 원이라고 가정할 경우 1년 동안 6000만 원의 손실이 발생한다는 뜻이다. 그러나 인기 있는 165㎡(50평)짜리 사무실은 월세 350만 원을 보장해주므로, 월세 150만 원의 99㎡(30평)짜리 사무실이 1년간 공실이더라도 월세 리스크는 1800만 원 정도가 되는 셈이다. 철저한 시장 조사가 중요한 이유다.

건물의 구조도 세입자가 좋아할 만한 구조인지 사전에 따져봐야 한다. 화장실을 복도로 빼는 게 좋은지, 사무실 안에 넣는 게 좋은지 등 별것 아닌 것 같은 사소한 내용 하나까지 세심하고 치밀하게 계산해야 한다. 지상 몇 층, 지하 몇 층이 중요한 게 아니라 임대 수요와 임대 목적이 먼저다.

프로만 아는 공실과 만실의 차이

부동산 업계, 특히 강남 빌딩 전문가들 사이에서 통용되는 말로 '자리 좋은 공실'과 '자리 나쁜 만실'이라는 용어가 있다. '자리 좋은 공실'이란 목이 좋은 자리에 눈이 멀어 임대 수요를 꼼꼼히 따지지 않은 빌딩을 말한다. 반대로 나쁜 자리, 즉 목이 좋지 않은 지역은 건물주 역시 임대 수요가 크지 않다는 사실을 알기 때문에 그만큼 사전 분석을 치밀하게 한 경우가 많다. 한 층당 무료 주차 1.5대, 보증금 할인 같은 특혜도 수요자를 불러들이는 묘수다.

일반적으로 지하철역과 바로 인접한 빌딩, 즉 역세권 건물이 유리한 것이 사실이지만, 역에서 도보로 5~10분 정도 떨어져 있는 빌딩도 의외로 인기가 좋다. 특히 사옥용 빌딩은 CEO가 대부분 자가용으로 출퇴근하니 역 앞보다는 조금 떨어진 조용한 동네를 선호하는 경우가 많다. 직원들 입장에서 봐도 도보로 10분 정도의 거리는 운동 삼아 걷기 좋은 거리다. 해당 건물의 임대 상황이 만실이냐 아니냐는 건물의 가치(가격) 산정에도 큰 영향을 미친다. 임대 수익을 보고 빌딩을 매입하려는 사람 입장에선 특히 중요한 요소이다.

좀 더 구체적으로 살펴보자. 빌딩에 입주할 사람들이 자가용을 많이 이용하는지 대중교통을 많이 이용하는지도 중요한 요소다. 전자의 경우 주차 공간 확보가 무엇보다 중요하다. 옥상을 어떻게 활용하느냐에 따라서도 빌딩의 가치가 달라진다. 예를 들어 옥상을 흡연용 공원, 골프 퍼팅 연습장, 공연장 등으로 다채롭게 활용할 수 있다. 실제로 빌딩 꼭대기 층에 들어오려는 입주자에게는 옥상을 어떻게 활용하느냐가 매우 중요한 입주 요건이다. 최근에는 유럽의 영향으로 테라스가 인기다. 옥상 활용이 어렵다면 테라스를 꾸며도 좋다. 시장조사에 철저한 소위 '업자'들은 해당 지역의 수요에 맞는 요소를 절대 놓치지 않는다.

강남 지역에는 빌딩만 신축해서 파는 전문 업자들이 있다. 이들이 새로 건물을 지어 얻는 수익률은 평균 30%에 달한다. 예를 들어보자. 땅값 30억 원에 신축 공사비 10억 원을 더해 지은 원가 40억 원의 빌딩이 있었다. 이런 경우 대개 은행 대출이 30억 원에 이른다. 실제로 들어가는 업자의 돈은 총 신축 금액의 4분의 1인 10억 원에 불과하다. 2015년 12월 23일에 준공된 이 빌딩은 그해 2월에 땅을 샀고, 12월에 준공, 그리고 이듬해인 2016년 2월에 매매가 70억 원에 팔았다. 업자가 투자한 돈은 앞서 말한 대로 10억 원이다. 여기에 은행권 대출금 30억 원을 갚으면 정확히 30억 원을 남겼다는 계산이 나온다.

이런 전문 업자들은 빌딩의 용도에 맞는, 즉 빌딩을 사려는 사람이나 세입자가 좋아하는 건물을 짓지 자기가 좋아하는 건물은 절대 짓지 않는다. 앞서 말한 빌딩은 외국계 반도체 회사가 샀다. 테라스와 통유리 구조로 세련됨을 더했고, 지하 1층은 지상 1층이 아닌가 하는 착각이 들 정도로 채

광을 극대화해 설계했다. 또 20㎡(6평) 정도의 자투리 공간에는 잔디를 심어 휴게 공간도 마련했다. 대개 임대 수요가 크지 않은 지하 1층을 실용적이면서도 세련되게 꾸민 덕에 제일 먼저 임차인을 들였다.

입지 〉〉〉〉 매입가, '넘사벽'의 차이

빌딩의 용도만큼이나 빌딩이 들어선 자리, 즉 지역도 최우선으로 고려해야 할 요소다. 결론부터 말하자면 '되는 땅', 다시 말해 '강남'이 1순위가 되어야 한다. 빌딩을 새로 짓거나 기존 빌딩을 매입하려는 경우 대부분 1순위를 가용 자금에 둘 때가 많다. 지역은 2순위로 밀린다. 그런데 이렇게 하면 실패할 확률이 높아진다. 남들은 하지 않는 역발상이 필요하다. 1순위를 지역(강남)에 둔 뒤 가격이 맞는 빌딩을 찾아야 실패할 확률이 그만큼 줄어든다.

생생한 투자 실패 사례를 소개한다. 27억 원의 가용 자금으로 빌딩 매입에 나선 한 여성 자산가가 있었다. 가진 돈에 맞는 건물을 찾던 여성은 결국 경기도 안산의 다가구촌에 있는 3층짜리 다가구 건물 1채를 샀다. 전체 보증금 2억5000만 원에 월세 200만 원 정도의 수익이 나는 건물이었다.

건물의 매매가는 5억 원. 보증금을 빼고 내 돈 2억5000만 원이면 수익률이 10% 정도였다. 나쁘지 않은 수익률이라고 판단한 이 여성은 위의 건물 1채를 포함해 총 10채를 한꺼번에 사들였다. 여기서 매달 얻는 월세가 2000만 원이 넘었다. 내 돈 25억 원을 투자해 매달 2000만 원의 수익을 보니 10%가 조금 넘는 수익률이었다.

사달이 난 건 2년 후였다. 매입 당시인 2년 전의 전세와 월세 계약이 시세보다 조금 높은 금액으로 책정돼 있었던 것이다. 전·월세 계약 2년 후 보증금 반환을 위해 대출을 받았는데, 새로 들어올 세입자에게는 건물 1채당 전체 보증금 2억 원에 월세 120만 원밖에 받을 수가 없는 상황이었다. 매달 2000만 원씩 들어오던 임대료가 2년 후 1200만 원으로 쪼그라든 것이다.

은행 예금에 비하면 그래도 높은 수익률이었지만, 2년 전 처음 건물을 사들일 때 예상했던 수익에 크게 미치지 못하자 건물주의 낙담은 이만저만한 게 아니었다. 설상가상으로 건물 곳곳에 하자가 드러나면서 예상치 못한 수리비까지 쌓여갔다. 업계 용어로 '건축업자 건물', 즉 날림으로 지어 분양만 하고 튀는 하자투성이 건물이었다.

애초 기대한 수익을 못 거두고 생돈까지 나가는 상황이 이어지자 건물주는 결국 이 건물을 팔겠다고 내놓았다. 하지만 10채를 한꺼번에 사겠다는 통 큰 투자자를 만나기란 쉬운 일이 아니다. 더욱이 건물 1채의 시세도 5억 원이 아니라 4억2000만 원으로 떨어져 그만큼의 손해마저 감수해야 했다. 10채면 8억 원이 넘는 손해였다. 해당 건물주는 지금도 팔지도, 안고 가지도 못하는 스트레스를 호소하고 있다. 엎친 데 덮친 격으로 월세를 밀리는 세입자까지 속을 썩이기 시작했다.

만약 해당 건물주가 안산이 아닌 강남을 택했다면 어땠을까? 강남은 물론 안산에 비해 임대료가 비싸다. 그럼에도 월세가 밀릴 확률은 훨씬 적다. 냉혹한 이야기이지만 돈이 부족한 사람들이 외곽으로 밀리는 게 현실이다.

05 임대 업종이 건물의 가치를 결정한다

건물주가 직접 빌딩을 사용하지 않으면 임차인, 즉 세입자를 들이게 마련이다. 이 경우 열의 아홉은 대개 이런 프로세스를 거친다. 먼저 건물주가 임대 계약을 중개인에게 맡긴다. 임차를 원하는 사람이 나타나면 중개인은 건물주에게 연락해 이를 알린다. 연락을 받은 건물주의 입에선 당장 "보증금과 월세는 얼마를 받는 게 적당한가"라는 질문이 쏟아진다. 그리고는 여러 중개인끼리 경쟁을 붙여 가장 많은 임대료를 줄 세입자가 찾아오게 만든다. 인상을 찌푸릴 혐오 업종만 아니라면 대개 이런 과정을 거쳐 입주하는 게 일반적이다.

그런데 정작 중요한 것은 따로 있다. 바로 업종이다. 우량한 업종을 세입자로 받으면 건물 가치가 달라진다. 쉽게 생각해보자. 건물 1층에 편의점이 들어선 것과 구멍가게가 들어선 것은 천지 차이다. 수입 자동차 전시장과 카센터의 차이도 물론이다. 국민은행·신한은행 같은 제1금융권과 저축은행·새마을금고 같은 제2금융권의 차이도 크다. 이는 오랜 중개 거래를 통해 필자가 알게 된 노하우다.

빌딩 위치를 설명할 때 "1층에 국민은행이 있는 빌딩"이라고 말하는 것과 "○○슈퍼가 있는 빌딩"이라는 설명은 듣는 사람의 인식과 건물의 이미지에 넘지 못할 차이를 만든다. 이는 결국 시세를 5% 더 받느냐 덜 받느냐의 차이이다. 만약 50억 원짜리 빌딩이면 5억 원과 2억5000만 원의 차이이다.

이름 있는 세입자가 건물 가치를 올린다

약국도 프랜차이즈 체인점이냐 개인 약국이냐가 다르고, 커피숍도 스타벅스와 이디야가, 또 개인 커피숍이 다르다. 널리 이름이 알려진 업종이나 상호는 그만큼 인지도도 높고 임대료를 밀릴 확률도 낮다. 서울 신촌에 있는 톰앤톰스 건물(사진 3)은 12년간 임대료를 단 한 번도 밀린 적이 없는 것으로 유명한 빌딩으로 지상 4층, 지하 1층으로 이루어진 건물이다. 톰앤톰스가 입주하기 전에는 어떠했을까? 1층은 식당, 2층은 당구장, 3층은 노래방, 4층은 비디오방 등 세입자들의 업종이 모두 제각각이었다. 장사가 안 되는 업소는 임대료 연체율도 높다. 일단 세입자가 5명으로 많았고, 전체적인 업종 역시 열악하기 그지없었다.

3

그런데 어느 날 톰앤톰스 측으로부터 빌딩 전체를 모두 쓰겠다는 제안이 들어왔다. 그것도 본사 직영 매장이었다. 애초 해당 빌딩의 임대 수익은 보증금 1억 원에 월세가 1100만 원에도 못 미쳤다. 건물주가 매입한 가격은 46억 원. 임대료 수준에 맞춰보면 적당한 가격이었다. 톰앤톰스 측은 건물을 한꺼번에 쓰는 조건으로 보증금 4억 원에 월세 3000만 원을 제시했다. 건물주 입장에선 마다할 이유가 없는 조건이었다. 현재 건물의 가치는 어떻게 변했을까? 73억5000만 원에 새로운 주인과 계약을 맺었다.

망할 가능성이 적은 우량 커피 프랜차이즈 직영 매장을 생각해보자. 톰앤톰스는 당연히 임대료를 밀릴 염려도 없었고 월세가 많이 나오니 빌딩의 자산 가치도 올랐다. 예전처럼 열악한 수준의 각기 다른 업종이 자리를 차지하고 있다면 73억 원이라는 시세는 언감생심이었을 터다. 때로는 임대료를 조금 깎아주는 한이 있더라도 우량한 세입자를 유치하는 것이 건물의 가치를 올리는 지름길이다.

그런데 우량 업종이 입점해 있다고 해서 무조건 방심하는 것도 위험하다. 톱스타 커플로 유명한 배우 J씨가 좋은 사례다. 그가 용산구 이태원동의 대지 331㎡(100평)짜리 건물을 126억 원에 사들인 건 지난 2011년이었다. 글로벌 스타로 떠오른 가수 P씨는 2012년에 J씨의 건물과 수십 미터 떨어진 자리에 역시 331㎡(100평) 대지의 건물을 78억5000만 원에 사들였다. 대지 면적은 물론 입지마저 거의 같은 빌딩의 가격 차이가 47억 원에 달한 이유는 무엇일까?

J씨가 산 빌딩은 소위 재테크 전문가가 낡은 건물을 리모델링한 후 우량 업체를 세입자로 들인 뒤 건물의 가치를 올려서 판 빌딩이었다. 해당 건물에는 폭스바겐 전시장이 입점해 있었다. 당시 J씨의 빌딩 인근 지역의 비슷한 빌딩 시세는 약 90억 원. 우량한 세입자와 월세 수익 덕에 35억 원이 넘는 거품이 끼어 있었던 셈이다. 반면 가수 P씨는 90억 원짜리 빌딩을 12억 원이나 싸게 산 셈이다.

06 빌딩도 명당이 있다
– 코너에 밀린 자리는 피하라

장사에 나섰다가 망한 사람들이 한결같이 하는 이야기가 있다. "위치가 안 좋아서" "목이 안 좋아서" "경기가 안 좋아서"라는 말이다. 사업의 성패를 좌우하는 요소 가운데 입지가 그만큼 중요하다는 뜻이다. 빌딩도 마찬가지다. 빌딩이라고 다 같은 빌딩이 아니며 몇 층짜리 건물이냐가 중요한 것이 아니다. 빌딩이 들어선 자리가 곧 그 건물의 가치를 결정해주기 때문이다.

옆 그림을 보자. 도로변에 자리한 A, B, C 3개의 빌딩이 있다. 3곳의 입지 중 최고의 가치를 지닌 곳은 어디일까? 정답은 C다. 다음이 B, 마지막으로 제일 가치가 떨어지는 자리가 A다. 언뜻 봐선 중앙 대로변에 자리 잡은 A가 눈에도 잘 띄고 접근성도 좋을 것 같지만, 빌딩 입지를 따져보면 사정이 달라진다.

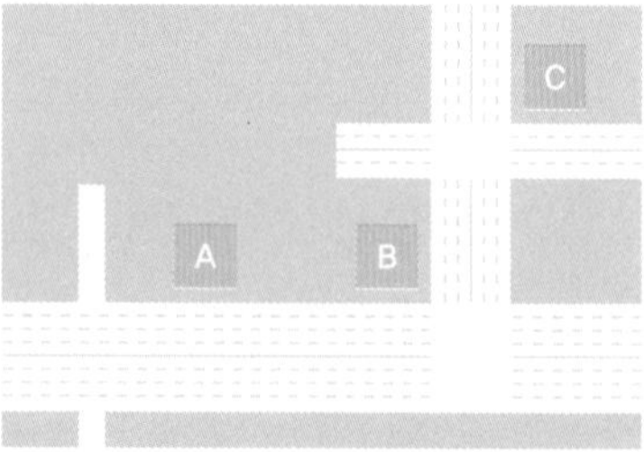

빌딩 입지로는 사거리 코너가 최고이며 그다음이 삼거리 코너, 마지막

이 A와 같은 일방향의 대로변이다. 일반적으로 A빌딩의 월 임대료가 100만 원이라 치면 B는 105만~110만 원, C는 115만~120만 원을 쳐준다. 업계 전문가들 사이에서는 "사거리나 삼거리 코너 자리로 추천해달라"는 의뢰가 들어오면 "선수구나"라고 말할 정도다. 이런 자리는 임대료를 조금 더 내더라도 들어오려는 사람이 줄을 선다. '광고 효과' 때문이다. 사거리나 삼거리 코너 건물의 1층 자리를 보자. 웬만하면 편의점이 들어선 경우가 태반이다. 이런 자리는 가격의 상승폭도 다르다. 일단 수요가 많기 때문이다.

그렇다면 왜 사거리 코너에 자리한 빌딩의 가치가 높을까? 먼저 출입구부터 다르다. A의 경우 도로변 한 곳에만 출입구를 낼 수 있는 반면, C는 2개를 낼 수 있다. 건물을 신축할 때 적용하는 건축법에서도 C가 유리하다. 예를 들어 331㎡(100평) 부지에 빌딩을 올린다고 해보자. 땅 면적이 331㎡(100평)라 해서 331㎡(100평) 넓이의 건물을 올릴 수는 없다. 빌딩을 지으려는 전체 토지 면적당 건축물을 지을 수 있는 면적을 규정한 것이 바로 건폐율(건물 한 층 면적)이다. 예를 들어 건폐율이 50%라면, 331㎡(100평) 땅에 165㎡(50평)까지만 빌딩을 올릴 수 있다는 뜻이다.

빌딩을 올리는 데 있어 공간 활용의 문제는 건폐율만이 아니다. 해당 빌딩 안에 주차장도 만들고 출입구도 만들어야 한다. 주위 건물에 견줘 일조권을 보장하는 공간도 떼어내야 한다. 이럴 때 사거리 코너에 있는 빌딩은 자동차가 드나드는 주차장 입구와 사람들이 드나드는 메인 출입구를 따로 만들 수 있다. 땅값도 잘 오르고, 세입자의 임대료도 높고, 건물 공간 활용까지 실용적이니 세입자든 건물주든 좋아할 수밖에 없다.

사거리 코너에 자리한 빌딩은 두 방향으로 트여 있어 일조권이나 조망권 확보에도 유리하다. 이런 자리에 엘리베이터가 있는 빌딩을 올리면 꼭대기 층부터 임대가 나가곤 한다. 확 트인 시야를 확보할 수 있기 때문이다. 현재 대한민국에 있는 노후 빌딩의 95%가 엘리베이터를 따로 설치할 수 있는, 즉 리모델링이 가능한 건물들이다. 최근에는 단순히 외벽을 바꾸고 도장을 새로 하는 수준이 아니라 거의 신축이라 봐도 무방할 만큼 리모델링 공법이 발전했다.

사거리 빌딩 투자로 대박 난 한류 스타 J씨

사거리 코너 건물의 가치가 어떻게 달라지는지 실제 사례를 보면 실감이 난다. 일본 등 아시아 전역에서 '프린스'로 불리는 최고의 한류 스타 J씨는 강남구 청담동 영동고등학교 옆의 사거리 코너에 자리한 건물주로도 유명세를 치렀다. 그도 그럴 것이 원래 건물주가 최고의 인기를 구가하던 개그맨 S씨였기 때문이다. 최근에는 이혼으로 구설에 오르기도 했지만 10년 전만 해도 당대 최고 스타였던 S씨와 J씨 사이의 거래인 것만으로도 화제에 올랐다.

S씨가 해당 부지를 매입할 때 이곳은 주차장으로 활용되고 있었다. 사거리 코너로 입지가 좋긴 했지만 학교와 마주해 상업적 가치가 떨어졌다. 무엇보다 땅 모양이 예쁘게 빠지지 않아 빌딩을 올리기에는 적합해 보이지 않았다. 대로변은 짧고 후면(이면 도로)이 긴 모양이었기 때문이다.

S씨가 이 자리에 빌딩을 올린 건 지난 2006년이었다. 당시로선 최신 기술인 노출 콘크리트 공법을 활용해 한눈에 보기에도 예쁜 6층짜리 빌딩을 지었다. 결론적으로 S씨의 선택은 대박이었다. 부지 모양이 별로 좋지 않아 내놓아도 팔리지 않던 땅이었지만, 빌딩을 올리자 건물 외관에만 눈이 가 땅 모양은 더 이상 주목받지 않게 됐다. 40억 원에 내놓았지만 그렇게도 안 팔리던 땅에 빌딩을 올리자 당장 85억 원에 팔렸다. 새 건물주는 앞서 말한 한류 스타 J씨였다. 일반적으로 해당 빌딩 같은 경우 공사비는 10

억 원 안팎이다. 여기에 설계비용 5억 원을 더한다 해도 땅값을 포함한 전체 원가는 55억 원이다. 85억 원에 팔았으니 S씨가 거둔 순수익만 30억 원이다. 40억 원에 내놓아도 안 팔리던 땅에서 30억 원의 수익을 남겼으니 빌딩 하나 잘 짓는 재테크가 얼마나 큰 대박을 터뜨리는지 생생히 보여준다.

J씨의 청담동 빌딩은 상품이든 건물이든 포장의 중요성이 얼마나 큰지도 일깨워준다. 상품이 작다고 케이스(포장)마저 작으면 어떻겠나. 명품 브랜드를 보자. 손바닥만 한 지갑 하나만 사도 대형 쇼핑백에 담아 준다. 사는 사람은 물론이고 선물 받는 사람의 기쁨이 배가되는 이유다. 빌딩도 마찬가지다.

07 문서를 알아야 고수다

빌딩을 비롯한 모든 부동산 거래의 기본은 관련 문서에서부터 시작된다. 가장 기본이 되는 등기부등본을 비롯해 거래의 적법성, 합법성을 입증하는 서류를 제대로 볼 줄 알아야 한다는 뜻이다. 개인 자산의 70% 이상을 차지하는 내 집을 마련할 때도 거래 당일에야 중개업자가 내미는 등기부등본을 대충 한 번 훑어보는 사람이 의외로 많다. 어차피 봐도 모르니 수억 원의 대형 계약을 눈먼 채로 맺는 것과 다름없다.

등기부등본

토지든 건물이든, 즉 땅이든 아파트든 가장 기본이 되는 서류가 바로 등기부등본이다. 등기부등본을 통해 제일 먼저 파악해야 할 핵심은 해당 부동산에 얽힌 채무 관계이다. 쉽게 말해 해당 부동산 소유권자의 대출 내역을 확인할 수 있다. 등기부등본은 크게 표제부와 갑구, 을구로 나뉜다.

- 표제부 : 해당 부동산의 주소, 면적 등 일반적인 사항이 나온다.
- 갑구 : 해당 부동산의 소유권자가 나온다. 여기에 가압류, 압류, 경매

등기부등본 보는 방법

등기사항전부증명서(말소사항 포함) - 토지

[토지] 서울특별시 강남구 청담동 000-00 　　　　고유번호 000000000

【 표 제 부 】 (토지의 표시)

표시번호	접 수	소 재 지 번	지 목	면 적	등기원인 및 기타사항
1 (전 1)	1982년2월8일	서울특별시 강남구 청담동 000-00 주소 확인	대	000.00㎡ 면적 확인	부동산등기법시행규칙부칙 제3조 제1항의 규정에 의하여 1998년 12월 02일 전산이기

【 갑 구 】 (소유권에 관한 사항)

순위번호	등 기 목 적	접 수	등 기 원 인	권 리 자 및 기 타 사 항
1 (전 5)	소유권이전	1996년4월25일 제00000호	1996년3월23일 매매	공유자 지분 2분의 1 서○ ○ 000000-******* 서울 강남구 청담동 00-00 지분 2분의 1 이○ ○ 000000-******* 서울 강남구 청담동 00-00 부동산등기법시행규칙부칙 제3조 제1항의 규정에 의하여 1998년 12월 02일 전산이기
2	1번서ㅇㅇ 지분2분의1 중 일부(4분의1).	2000년12월5일 제00000호	2000년10월7일 매매	공유자 지분 2분의 1 윤○ ○ 000000-*******

열람일시 : 2016년 00월 00일 00시 00분 00초

1/6 총 6페이지 중 1페이지

[토지] 서울특별시 강남구 청담동 000-00 　　　　고유번호 000000000

순위번호	등 기 목 적	접 수	등 기 원 인	권 리 자 및 기 타 사 항
		제00000호	해제	
6	2번윤ㅇㅇ 지분전부이전	2010년10월1일 제00000호	2010년10월1일 증여	공유자 지분 2분의 1 강○○ 000000-******* ~~서울특별시 강남구 청담동 000-00~~
6-1	6번등기명의인표시변경		2011년10월31일 도로명주소	강○○의 주소 서울특별시 강남구 도산대로 000길 000-00 (청담동) 2013년11월20일 부기
~~7~~	~~6번윤ㅇㅇ 지분가압류~~	~~2013년9월13일~~ ~~제 00000호~~	~~2013년9월13일~~ ~~수원지방법원~~ ~~안양지원의 가압류~~ ~~결정(00000 0 0000)~~	~~청구금액 금 000,000,000원~~ ~~채권자 지 ○ ○ 000000-0000000~~ ~~경기 안양시 동안구 00동 000-00~~
8	7번가압류등기말소	2014년4월8일 제00000호	2014년4월2일 해제	현재 부동산 소유자 인적 사항
9	공유자전원지분전부이전	2016년8월23일 제000000호 소유권 이전일	2016년5월23일 매매	소유자 김 ○ ○ 서울특별시 관악구 00동 000-00 매매목록 제 00000000호

【 을 구 】 (소유권 이외의 권리에 관한 사항)

순위번호	등 기 목 적	접 수	등 기 원 인	권 리 자 및 기 타 사 항
~~1~~	~~근저당권설정~~	~~2001년1월17일~~	~~2001년1월17일~~	~~채권최고액 금05,000,000원~~

열람일시 : 2016년 00월 00일 00시 00분 00초

3/6

[토지] 서울특별시 강남구 청담동 000-00 고유번호 000000000

순위번호	등 기 목 적	접 수	등 기 원 인	권 리 자 및 기 타 사 항
				서울특별시 관악구 보라매로 000길 000 (000동 000-00) 근저당권자 0000은행 000000-0000000 서울특별시 송파구 오금로 000(0 0 동) (0 0 지점) 공동담보 건물 서울특별시 강남구 청담동 000-00

근저당 설정(은행 대출금 확인)

【 매 매 목 록 】				
목록번호	2016 - 0000000			
거래가액	금0,000,000,000원			
일련번호	부동산의 표시	순위번호	예 비 란	
			등기원인	경정원인
1	[토지] 서울특별시 강남구 청담동 000-00	9	2016년5월23일 매매	
2	[건물] 서울특별시 강남구 청담동 000-00	9	2016년5월23일 매매	

열 람 용

— 이 하 여 백 —

열람일시 : 2016년 00월 00일 00시 00분 00초 5/6

신청, 가처분, 가등기 등 해당 물건에 대한 하자 여부가 모두 표시돼 있다. '가처분(假處分)'은 말 그대로 '해당 부동산을 처분하지 말라'는 뜻이다. 이런 문구가 들어 있으면 거래 시 특히 주의해야 한다.

• 을구 : 해당 물건에 대한 대출 관계, 즉 채무 관계가 모두 나온다. 간혹 질 나쁜 부동산 중개인들이 사기를 치는 경우가 있는데, 대표적인 방식이 갑구나 을구의 하자가 표시된 부분을 빼버리는 것이다. 업자들 용어로는 '장수 빼기'라 부른다. 특히 개인 간 직거래에서 이러한 장수 빼기 사기가 많이 발생한다. 이를 예방하기 위해서는 등기부등본 하단의 페이지를 반드시 확인해야 한다. 총 5장이라면 1/5~5/5까지 표시된 페이지가 모두 있는지부터 점검하자.

건축물관리대장

건축물에 대한 하자 여부를 확인해주는 서류다. 처음 거래 시 분명 5층짜리로 알고 산 건물인데 건축물관리대장, 즉 서류상으로는 4층으로 돼 있는 경우가 있다. 이렇게 건축물관리대장을 직접 확인하지 않으면 나중에 해당 건물을 매매할 때 황당한 경험을 하기 십상이다. 이럴 때는 어떻게 해야 할까? 해당 사실이 확인되면 원래 건물주에게 "잔금을 치르기 전 한 층을 새로 허가 내달라"고 명확히 요청해야 한다. 만약 불이행하게 되면 위법 건축물 과태료가 부과된다.

• 갑 : 건축물관리대장의 첫 장이다. 주소, 면적, 건폐율, 층수 등 해당 건축물에 대한 개요가 나온다.

• 을 : 해당 건축물의 소유권자가 나온다. 특히 중요한 것이 을의 마지막 장이다. 건축물 소유권의 변동 내용 및 원인을 파악할 수 있기 때문이다. 즉 '위법 건축물'인지 여부를 알 수 있다. 건축물관리대장은 사람으로 치면 주민등록증이나 주민등록등본 같은 개념의 서류다. 만약 건축물이 위법 건축물로 지정돼 있다면 구청 등 해당 지자체의 담당 과에 연락해 "어떤 이유로 위법 건축물이 됐나"라고 꼭 묻고 확인해야 한다.

위법 건축물이라 하더라도 소유권 이전에는 아무런 문제가 없다. 해당 건물을 사고파는 데 어떤 지장도 없다는 뜻이다. 바꿔 말해 건축물관리대장을 꼼꼼히 확인하지 않고 빌딩을 매입하면 위법한 건물인지 모르고 살 수도 있다. 위법 건축물은 소유권 이전은 가능하지만 '용도 변경'을 할 때 제약을 받는다. 해당 건축물에 대한 용도 변경을 신청하면 당장 "위법 문제를 해결해야 한다"는 구청의 답변을 들어야 한다.

그러면 어떤 경우에 위법 건축물이란 딱지를 받게 될까? 건물을 처음 지으려면 구청에 신고를 해야 한다. 해당 건물의 주소, 대지, 층수, 바닥 면

건축물관리대장 보는 방법

■ 건축물대장의 기재 및 관리 등에 관한 규칙 [별지 제1호서식] <개정 2015.7.7>

문서확인번호

일반건축물대장(갑)

위 반 건 축 물 | 장번호 : 1 - 1

고유번호	민원24접수번호	명칭	특이사항

주소

대지위치	서울특별시 강남구 신사동	지번	000-00	도로명주소	서울특별시 강남구 강남대로		
※대지면적	000.00㎡	연면적	000.00㎡	※지역	일반주거지역 외 1	※지구	※구역
건축면적	133.77㎡	용적률산정용 연면적	593.02㎡	주구조	철근콘크리트조 연와조	주용도	근린생활시설
※건폐율	49.83%	※용적률	220.91%	높이	16.15m	지붕	슬라브
조경면적	㎡	공개 공지 또는 공개 공간의 면적	㎡	건축선 후퇴면적	㎡	건축선 후퇴거리	m
지하수위	G.L m	기초형식		설계지내력(지내력기초인 경우)	t/㎡	구조설계 해석법	

건축 면적

층수: 지하 1층/지상 5층 | 부속건축물

건축물 현황					소유자 현황			
구분	층별	구조	용도	면적(㎡)	성명(명칭) / 주민(법인)등록번호 (부동산등기용등록번호)	주소	소유권 지분	변동일 / 변동원인
주1	지하1층	철근콘크리트구조	점포	188.69	김00	서울특별시 강남구 강남대로 000길 00 (신사동 000-00)	1/1	2002.10.22
주1	1층	철근콘크리트구조	점포	133.77	000000-0000000			소유권이전
주1	2층	철근콘크리트구조	사무실	133.77		- 이하여백 -		
주1	3층	철근콘크리트구조	사무실	133.77				
주1	4층	철근콘크리트구조	제2종근린생활시설	133.77				
주1	5층	철근콘크리트구조	제2종근린생활시설	57.94				
		- 이하여백 -						

이 등(초)본은 건축물대장의 원본내용과 틀림없음을 증명합니다.

발급일자 : 2016년 10월 17일

담당자 : 부동산정보과

전 화 : 02 - 3423 - 6325

서울특별시 강남구청장

※ 표시 항목은 총괄표제부가 있는 경우에는 기재하지 않습니다.
※ 이 장은 전체 4페이지 중에 1페이지 입니다.

◆본 증명서는 인터넷으로 발급되었으며, **민원24(minwon.go.kr)**의 인터넷발급문서진위확인 메뉴를 통해 위 · 변조 여부를 확인할 수 있습니다. (발급일로부터 90일까지)
또한 문서하단의 바코드로도 진위확인(스캐너용 문서확인프로그램 설치)을 하실 수 있습니다.

문서확인번호

장번호 : 2 - 3

고유번호	민원24접수번호

구분	성명 또는 명칭	면허(등록)번호	※주차장					승강기		허가일 1988.03.16
건축주			구분	옥내	옥외	인근	면제	승용 대	비상용 대	착공일
설계자								※오수정화시설		사용승인일 1989.04.24
공사감리자			자주식	대 ㎡	대 ㎡	대 ㎡		형식		관련 주소
공사시공자 (현장관리인)			기계식	대 ㎡	대 ㎡	대 ㎡	대	용량		지번

건축물 에너지소비정보 및 그 밖의 인증정보

건축물 에너지효율등급 인증	에너지성능지표(EPI) 점수	녹색건축 인증	지능형건축물 인증	
등급		등급	등급	도로명
에너지절감률 %	점	인증점수 점	인증점수	
유효기간 :		유효기간 :	점	

변 동 사 항

변동일	변동내용 및 원인	변동일	변동내용 및 원인	그 밖의 기재사항
2013.05.31	[위반건축물]주택과-00000: 1층 경량판넬 12.5㎡ 창고(주방)사용			
	- 이하여백 -			

적발일

※ 표시 항목은 총괄표제부가 있는 경우에는 기재하지 아니합니다.
※ 이 장은 전체 4페이지 중에 4페이지 입니다.

◆본 증명서는 인터넷으로 발급되었으며, **민원24(minwon.go.kr)**의 인터넷발급문서진위확인 메뉴를 통해 위 · 변조 여부를 확인할 수 있습니다. (발급일로부터 90일까지)
또한 문서하단의 바코드로도 진위확인(스캐너용 문서확인프로그램 설치)을 하실 수 있습니다.

적 등 건물에 대한 개요는 물론이고, 층별 업종(주택인지 상업시설인지), 옥상, 창문 등 세세한 부분에 대한 허가를 얻어야 착공 신청이 떨어진다.

구청에서 처음 허가를 내준 대로 빌딩을 올렸는지 확인하는데 이것이 바로 준공검사다. 준공검사는 해당 구청의 현장 실사로 이뤄진다. 완공된 건물과 애초 허가 받은 도면을 일일이 비교하며 검사한다. 이런 과정을 거쳐 나오는 최종 서류가 건축물관리대장이다. 만약 처음 설계와 다르게 불법 개조 사실이 드러나면 건축물관리대장에 위법 사실이 명시된다. 이런 경우에는 은행 대출을 받기도 어렵다. 일종의 결격사유가 되는 것이다.

건축물관리대장을 통해 위법 건축물 지정 여부를 미리 알게 되면 매도인에게 정당한 시정 요구를 할 수 있다. 그렇다 보니 거래 성사에만 눈이 먼 중개인들이 해당 서류를 잘 안 보여주려고 하는 경우가 많다.

우리나라 사람들은 개인 자산의 70% 이상이 부동산이다. 부부 공동 명의로 5억 원짜리 집 1채를 가지고 있다가 이혼하면 2억5000만 원 때문에 수백만 원을 들여 변호사를 선임하곤 한다. 그런데 수억, 수십억 원에 이르는 빌딩 거래를 하면서 중개인의 말만 믿는다는 건 정말 말도 안 되는 일이다. 때로는 중개인마저 관련 서류를 볼 줄 모르는 까막눈인 경우도 있다.

서류를 볼 줄 알아야 사기 피해 막는다

부동산 거래 시 반드시 확인해야 하는 필수 서류를 찾아 보는 방법은 무척 간단하다. 꼭 계약을 맺는 당사자가 아니더라도 등기부등본은 인터넷의 대법원 홈페이지, 건축물관리대장은 '민원24' 사이트에서 확인할 수 있다. 만약 실제로 부동산 계약을 앞두고 있다면 해당 사이트에서 미리미리 하자 여부를 확인해야 한다. 때론 벌금을 안고 사는 경우도 있다. 이럴 때는 벌금 규모가 얼마인지 관할 구청에서 확인한 후, 거래 시 해당 벌금만큼 금액을 깎아달라고 요구할 수 있다.

부동산 거래 시 서류와 관련된 위·변조 사례도 심심찮게 등장한다. 대표적인 것이 신분증(주민등록증) 위조다. 신분증 역시 '민원24' 사이트에서 발급일을 확인하면 위·변조 여부를 알 수 있다.

필자가 직접 겪은 일 중에는 심지어 '법원 판결문'을 위조한 사례도 있었다. 지난 2001년 압구정역 인근의 3층 건물이 12억 원에 나왔다. 당시 시세로 40억 원 안팎의 건물이었으니 눈이 뒤집힐 노릇이었다. 현재 시세는 200억 원에 달하는 빌딩이다.

해당 물건이 나오자 부동산 업자들 사이에선 한바탕 난리가 났다. 매입 의사가 몰려들자 빌딩 소유주는 계약금 6억 원을 선결 조건으로 내걸었다. 문제는 해당 빌딩의 소유권이었다. 등기부등본이나 건축물관리대장에는 부동산의 소유주가 땅 주인으로 표시돼 있었기 때문이다.

건물주는 토지 주인과의 소송을 통해 해당 부동산(빌딩과 토지)의 소유권이 자신에게 넘어왔다고 주장했다. 대법원 판결문이 그 근거였다. 소송 직후라 서류상으로는 자신이 소유주로 되어 있지 않지만, 조만간 법원의 판결 내용대로 바뀔 것이라는 설명도 이어졌다. 실제로 이런 경우는 흔하다. 예를 들어 현재 명의가 남편으로 돼 있지만 이혼 소송에서 부인이 이길 때가 있다. 이럴 때 해당 부동산을 매매하려면 '부인에게 소유권이 있다'는 법원의 판결문을 보여주면 소유권 이전이 가능하다.

압구정동 빌딩 주인이 필자에게 보여준 서류도 이러한 법원의 판결문이었다. 결론부터 말하자면 사기였다. 정교한 위조 실력 덕에 심지어 법무사조차 판결문 위조 사실을 모른 채 소유권 이전 등기를 신청해놓았다. 요즘은 대법원 홈페이지에서 사건 번호만 치면 해당 부동산에 대한 소송 여부를 바로 확인할 수 있지만 당시에는 그런 시스템이 없었다.

법무사는 200만 원이면 될 수임료를 500만 원이나 주니 '얼씨구나' 하며 소유권 이전 등기를 신청했다. 매수인 입장에서는 법원 판결문에 소유권 이전 접수증까지 있으니 아무런 의심 없이 6억 원을 계약금으로 맡겼다. 사기꾼은 그 돈을 경마장 도박 자금으로 날려버렸다. 뒤가 구린 돈이니 경마장 브로커에게는 1억 원짜리 수표로 4000만 원의 현금을 받아 판돈을 마련했다. 사기당한 매수인은 경마장 브로커에게 6000만 원을 주고 1억 원짜리 수표를 회수했다. 4000만 원이라도 건지기 위해서였다.

최근에는 등기부등본 위조도 심심찮게 벌어진다. 압구정동 현대아파트를 매입하기 위해 계약금과 중도금, 잔금까지 치렀는데 나중에 가보니 세입자가 살고 있는 경우도 있었다. 집주인이 해외에 거주해 직접 거래에 나설 수 없음을 악용한 사기였다. 등기소 직원과 법무사까지 완벽히 당해서 소유권 이전까지 마친 상태였다. 이런 경우 원래 주인은 소유권 회복이 가능하다. 결국 아무것도 모른 채 사기를 당한 계약자만 손해를 보는 것이다. 거래할 부동산에 대한 서류를 직접 떼어 보는 습관, 이에 더해 서류를 정확히 볼 수 있는 눈을 기르는 것이 얼마나 중요한지 똑똑히 보여주는 사례다.

08 강남 빌딩 부자 되려면 꼭 피해야 할 3가지 – 가족, 지인, 언론

"있는 놈이 더해. 그러니 저리 악착같이 돈을 모았지."

드라마 대사에나 나오는 말이 아니다. 현실을 정확히 짚은 말이다. 특히 부동산 부자에 한해서라면 이처럼 들어맞는 말도 없다. 필자는 지난 20년간 숱하게 많은 부자들을 만나왔다. 이들의 특징을 한마디로 요약하면 '좋은 정보는 절대 공유하지 않는다'는 사실이다. 다른 이와 정보를 공유해봤자 자신에게 득이 될 게 없기 때문이다. 있는 사람이 더하다는 말은 이런 데서 나온다. 그리고 정보를 독점한 사람들이 돈을 벌어들일 수밖에 없다. 당연한 말이지만 대개 부자들은 남의 재산 증식에는 관심이 없다. 여기서 남이란 처남이나 사돈 같은 친인척은 물론이고 피를 나눈 형제라고 예외가 아니다.

알짜 정보는 형제지간에도 나누지 않는다

평소 우애 좋기로 소문난 8남매가 있었다. 이들이 공동 명의로 사들인 부동산은 모텔이었다. 마침 백수로 지내던 셋째가 모텔의 운영과 관리를 맡기로 했다. 모텔 운영의 실무를 맡았으니 매달 들어오는 순수익 2000만 원 중 300만 원을 셋째에게 월급조로 먼저 떼어 주고, 나머지 1700만 원을 8남매가 공평하게 나누기로 했다. 문제는 여기서부터 시작되었다.

모텔에 드나드는 사람 치고 떳떳하게 카드를 긁는 이가 몇이나 될까? 수익의 대부분이 현금임을 알게 된 셋째는 그때부터 딴 주머니를 차기 시작했다. 말하자면 횡령이다. 매출이 자꾸 줄어들자 의심의 눈초리를 보내던 나머지 형제들이 뒤를 캐기 시작했고 결국 셋째의 횡령 사실이 들통 나고 말았다. 격분한 형제들은 셋째에게 지분을 뺄 것을 요구했고, 그 과정에서 셋째와 사이가 좋았던 바로 위 누이도 뒷돈을 챙긴 사실이 드러났다. 8남매는 결국 3년여간 소송전을 벌이다 해당 모텔을 처분하고 말았다. 8남매 전체의 동의를 얻어야 하니 매매하는 과정에서도 엄청난 애를 먹었다. 그사이 집안이 풍비박산 났음은 물론이다.

하는 일의 특성상 부동산 문제 때문에 멱살잡이하는 경우를 종종 보는데, 갈등의 대상이 가족인 경우가 의외로 많다. 생판 모르는 남은 아예 공동 투자에 나서지 않기 때문이다. 그래도 믿을 건 가족밖에 없다지만 한번 맛을 들이면 피도 눈물도 없는 게 바로 돈이다.

공동 투자 자체가 나쁠 건 없다. 혼자 가진 종잣돈이 모자라면 여럿이 힘을 합쳐 좀 더 큰 투자에 얼마든지 나설 수 있다. 단, 이럴 때일수록 정확한 투자 원칙과 방향에 대한 합의 사항을 작성해놓은 뒤 투자에 나서야 한다. 중간에 사정이 어려운 사람이 생기면 팔자고 주장하는 경우가 꼭 생기기 때문이다. 여기서 갈등이 시작된다.

– 00년 동안은 무조건 팔지 않고 보유한다.

– 수익 배분은 이러저러하게 한다.

– 추후 필지를 나누게 되면 00등분한다.

– 과반 이상이 매각에 동의하면 매매한다. 대신 처음 매입 금액에서 00% 이상 수익이 발생하면 00년 이상 됐을 때 매각에 동의한다.

이런 식으로 서류를 만들어 변호사를 통해 공증을 받아놓아야 한다. 공증 서류도 없이 "나중에 잘되면 다시 모여 의논해보자"는 기약은 그저 기약일 뿐이다. 공동 투자가 가족 간에 이루어졌다면 이런 서류 작업을 더욱 꼼꼼히 해야 한다.

돈 앞에선 가족도 친척도 없다

가까운 친인척도 돈 앞에선 더 이상 가까운 사이가 아니다. 요즘엔 구청이나 유관 관공서에 가보면 공무원들이 예전보다 많이 친절해졌음을 피부로 느낀다. 전화 한 통만 걸어도 관심 있는 부동산에 대한 정확한 정보를 쉽게 얻을 수 있다. 예를 들어 도시에 사는 사람이 농지를 취득하려면 해당 지자체의 담당 과에 연락해 관련 사항을 문의해야 한다. "○○동 ○○번지를 도시 거주자가 살 수 있나, 농지를 취득하려면 자격증이 따로 있어야 하나, 해당 부지에 집을 지을 수 있나, 농사를 꼭 지어야 하나" 등을 물어볼 수 있다.

D씨는 육촌 형제에게 좋은 땅이라고 소개받아 경기도 양평군 양수리 소재의 땅을 사들였다. 은퇴 후 아파트를 팔고 전원주택을 짓고 사는 게 꿈이던 D씨에게 풍광 좋은 그 땅은 안성맞춤이었다. 그런데 실제로 은퇴한 뒤 집을 지으려 하니 문제가 드러났다. 수자원보호구역에 속해 있어 주택 신축 허가가 나지 않았던 것. 1488㎡(450평) 땅을 8000만 원에 사며 "역시 육촌 형제라 많이 싸게 쳐줬다"며 만족스럽던 마음은 이후 사라졌다.

과연 누구의 잘못일까? 육촌에게 사기를 친 원주인이 나쁜 사람이라 벌어진 일일까? 일차적으로는 그렇다. 하지만 필자가 보기에 정작 가장 큰 잘못을 저지른 사람은 안타깝게도 D씨다. 8000만 원이나 들여 1488㎡(450평)에 이르는 땅을 사면서도 육촌의 말만 믿고 군청에 전화 한 통 하지 않은 것이 가장 큰 잘못이라는 말이다. 사태가 벌어진 후 육촌 형제의 입에서는 어떤 말이 나왔을까? "내가 언제 허가가 나온다고 했나, 잘하면 나온다고 했지."

돈이 걸려 있는 일이라면 피를 나눈 부모 형제도 죽기 살기로 싸우는 판에 육촌은 전혀 모르는 남과 다름없다. 사기를 친 당사자도 인연이 끊길 각오로 한 짓이었다.

돈 앞에선 가족과 친지도 이럴진대 아는 사람, 즉 지인이라고 예외가 될 수 없다. 다음은 필자가 실제로 목격한 사례다. E씨는 판교신도시 개발 정보를 미리 입수했다. E씨는 3306㎡(1000평) 정도의 토지를 사고 싶었으나 그가 가진 가용 자금은 1653㎡(500평) 정도를 매입할 수 있는 금액뿐이었다. E씨는 친한 친구에게 "너만 알고 있으라"며 개발 정보를 알려주었다.

"내가 가진 돈이 부족하니 너도 동참해라. 공동 명의로 3306㎡(1000평)를 사자. 아니면 나는 1653㎡(500평)만 사겠다. 아무도 모르는 대박 정보를 너를 믿고 이야기해주는 것이다."

하지만 세상에 '나만 아는 정보'란 없다. 신도시 개발에 대한 이야기를 들은 친구의 마음에는 확신보다는 의심이 앞서게 마련이다. 결국 '나만 아는 정보'는 새끼에 또 새끼를 친다. "이 동네가 개발된다는데 정말 가능성이 있겠나? 괜찮나?"

그래서 결국 두 사람은 개발 전 판교 땅 3306㎡(1000평)를 공동 명의로 사들이는 데 성공했을까? 결론은 그렇지 않다. 새끼를 쳐가던 정보를 옆에서 우연히 들은 제삼자가 땅 주인을 만나 직접 사버리고 말았다. 스포츠로 말하자면 '인터셉트(가로채기)' 같은 상황이다. 당시 3억 원을 투자했다면 현재 시세로는 아무리 못 쳐도 40억 원은 족히 넘는다.

언론에 소개된 상품은 이미 끝물이다

언론도 믿을 곳이 못 되기는 마찬가지다. '공신력 있는 방송과 신문에서 소개한 곳인데 설마 틀리겠어?' 하는 생각처럼 순진한 생각도 없다. 필자에게도 "○○방송에서 유망하다고 소개했다"라며 문의하는 투자자가 많다. 그런데 언론에 나올 정도의 물건이라면 이미 자산 가치로는 막차를 타는 것과 다름없다. 질 나쁜 업자일수록 언론을 이용하는 경우가 많다. 무조건 투자자 스스로 발품을 팔며 현장 조사에 나서는 것이 상책이다. 언론 기사는 그저 참고용일 뿐이다. 현지 중개인들도 믿을 수 없기는 마찬가지다. 자신의 영업 근거지에 대해 전망이 없다고, 투자 가치가 떨어진다고 말하는 중개인은 아무도 없다.

직접 발품을 팔아 좋은 물건을 고르는 게 얼마나 중요한지 보여주는 사례가 있다. 일반적으로 빌딩의 가치는 임대료 수익 규모에 따라 매겨진다. 예를 들어 10억 원짜리 빌딩이면 한 달 임대료가 500만 원은 나와야 하는 게 기본이다.

인근의 비슷한 빌딩 시세와 비교했을 때 7억 원 안팎의 가치를 지닌 빌딩이 있었다. 필자가 보기에도 7억 원이 적당한 수준이었다. 매달 월세가 300만 원밖에 나오지 않았기 때문이다. 하지만 건물을 내놓은 주인 K씨는 못해도 10억 원은 꼭 받고 싶어 했다. 결과적으로 K씨는 자신의 바람대로 10억 원을 받고 빌딩을 파는 데 성공했다. 어떻게 이런 일이 가능했을까?

K씨는 원래 들였던 세입자의 계약 기간이 끝나자 자신이 잘 아는 사람에게 세를 놓았다. 요즘 신문의 분양 광고를 보면 '책임 임대'라는 말을 심

심찮게 볼 수 있다. 예를 들어 '1년간 수익률 8%를 무조건 보장한다'는 식이다. 분양 후 공실이 나더라도 시행사에서 책임을 져주는 방식으로, 어떤 경우에는 최대 2년간 보장해주는 곳도 있다. K씨도 이와 비슷한 수법을 썼다.

7억 원짜리 물건을 10억 원에 팔면 3억 원을 더 받는 셈이다. K씨는 잘 아는 지인을 세입자로 들이며 "월세 계약서를 500만 원으로 써달라"고 부탁했다. 세입자 입장에선 인근의 임대료 시세보다 200만 원을 더 쳐줬으니 1년이면 2400만 원, 2년이면 4800만 원을 월세로 더 내야 하는 셈이었다. K씨는 세입자가 손해 보는 4800만 원을 한꺼번에 목돈으로 입금해주었다.

주변 지역의 상황을 모른 채 빌딩 투자에 나선 B씨는 이들에게 좋은 먹잇감이었다. 500만 원짜리 월세 계약서를 확인한 B씨는 주변 시세를 알아보지도 않고 덜컥 10억 원짜리 매매 계약서에 도장을 찍었다. K씨 입장에선 월세 4800만 원을 투자해, 매매 금액에서 3억 원을 더 받았으니 2억 5000만 원이나 수익을 올린 셈이다.

빌딩의 새 주인 B씨는 어떻게 됐을까? 2년의 계약 기간이 끝나고 새로운 세입자를 찾았지만 어느 누구도 500만 원의 임대료에 고개를 끄덕이는 사람이 없었다. 결국 울며 겨자 먹기로 300만 원짜리 임대 계약서에 사인해야 했다. 더 큰 문제는 건물 가치의 하락이었다. 애초 10억 원이라 믿은 빌딩이 300만 원짜리 월세 계약서에 사인하는 순간 정상가인 7억 원으로 뚝 떨어졌다. 자산 가치 상승을 통한 시세 차익은커녕 오히려 매입 2년 만에 3억 원을 손해 본 셈이다.

B씨는 10억 원을 투자해 빌딩을 사면서 50%인 5억 원을 은행에서 대출받았다. 세입자 보증금이 1억 원이었으니 실제 자신의 돈은 4억 원이 들어

갔다. 5억 원의 한 달 이자는 130만 원 정도. 500만 원에서 130만 원을 뺀 370만 원이 애초 그가 예상한 한 달 수익이었다. 4억 원을 투자해 그 정도 수익이 난다면 결코 부족한 수준은 아니었다. 하지만 당장 월세 200만 원이 비게 됐으니 한 달 수익은 170만 원으로 곤두박질쳤다. 이런 사례가 실제로 비일비재하다. B씨가 사전 현장 조사에 나서 인근의 임대료 수준을 제대로 확인했더라면 이런 손해를 보지는 않았을 것이다.

PART 2

대한민국 부자들, 강남 빌딩 이렇게 산다

01 부자들은 왜 강남 빌딩에 목매나

자기 명의의 빌딩을 소유한 자산가들, 그것도 여러 채의 빌딩을 대한민국 최고의 노른자 땅인 강남 지역에 둔 부자들도 첫출발은 대개 1채에서 시작한 경우가 많다. 물론 '금수저'로 태어나 성인이 되기 전에 이미 빌딩 몇 채 상당의 자산을 보유한 이들도 있다. 하지만 대한민국 땅에 이런 금수저가 몇 명이나 될까? 강남 소재 빌딩을 가진 부자라고 해서 모두 금수저인 것은 아니다. 오히려 철저한 시장 조사와 재테크에 대한 안목으로 자수성가한 부동산 부자가 훨씬 많다.

강남 지역 빌딩 부자들의 특징은 처음 1채에서 출발해 2~3채로 자산을 늘려간 경우가 많다는 것이다. 그만큼 이 지역에서 재미를 봤다는 방증이다. 다른 지역에는 없는 강남만의 투자 재미란 무엇일까? 바로 강남 부동산은 거의 언제나 가격이 오르는 상품이란 것이다. 강남 빌딩에 수요가 몰리는 이유이기도 하다. 강남의 부자들은 어떤 방법으로 빌딩에 투자하고 어떻게 사고팔까? 생생한 투자 사례를 통해 강남 부자들만의 빌딩 매매 노하우를 소개하고자 한다.

웬만해선 시세 하락 없는 유일한 지역

필자가 잘 아는 자산가가 있다. 강남에 있는 빌딩 1채로 시작한 그는 현재 강남 소재 빌딩 4채를 소유한 부자가 되었다. 그가 처음 강남 빌딩 투자에 나선 건 지난 1999년이다. 역삼동 사거리의 지상 4층, 지하 1층짜리 빌딩을 9억8000만 원에 매입했다. 당시 은행에서 대출 받은 금액은 5억 원. 실제 들인 개인 돈은 5억 원 남짓이었다.

보통 투자자들은 처음 사둔 빌딩의 가격이 올라 얻은 시세 차익과 그간 따로 모아둔 자기 돈을 보태 새로운 건물 매입에 나서는 것이 일반적이다. 그런데 이 사람은 수십억 원의 시세 차익이 났음에도 건물을 팔지 않기로 마음먹었다는 게 일반적인 경우와 달랐다.

이후 처음 매입한 빌딩의 가격은 70억 원까지 올랐다. 하지만 70억 원에 판다 해도 양도세를 제하고 나면 40억 원의 수익밖에(?) 거두지 못한다는 판단이 섰다. 곧장 은행을 찾아간 건물주는 기존 건물을 담보로 30억 원의 추가 대출을 받았다. 그리고는 새로 봐둔 건물을 담보로 50%의 대출을 또 받았다. 여기에 기존 건물을 담보로 대출 받은 돈 30억 원을 보태 새 빌딩을 사들인 것이다. 따지고 보면 자기 돈 한 푼 안 들이고 은행 대출로만 건물 2채를 소유한 셈이다. 이런 방식으로 그는 현재 4채의 빌딩을 소유한 거액의 자산가로 변신했다.

은행 대출로만 이뤄진 빌딩 매입. 어찌 보면 상당한 리스크를 안고 진행한 투자 방법일지도 모른다. 하지만 이런 식의 투자가 가능한 지역이 바로 강남이다. 시세가 오를 것이 명확하고 가격 오름세도 가파른 지역이 강남이기 때문이다. 비근한 예가 'IMF(국제통화기금) 외환 위기' 시절의 강남 부동산이다.

우리 정부가 IMF에서 빌린 돈을 모두 갚은 게 지난 2001년이었다. 대량 실업과 부도 같은 후유증은 이후로도 전국적으로 몇 년간이나 이어졌다. 하지만 강남만큼은 달랐다. 외환 위기가 터진 뒤 불과 2년 만인 1999년에 강남에서는 사실상 위기가 끝났다는 게 강남에서 활동하는 부동산업자들 사이의 정설이다.

IMF 외환 위기도 2년 만에 끝난 강남

일례로 1999년이 되자 강남 지역에서는 꽃등심집이 호황을 누리기 시작했다. 서민들의 먹거리로 여겨지는 삼겹살집은 오히려 문을 닫는 곳이 속출했다. 이에 비해 강북에서는 대패삼겹살 같은 가격 파괴형 먹거리 상품이 인기를 끌었다. 강남에서는 이른바 '텐프로'라 불리는 최고급 룸살롱도 다시 활기를 띄기 시작했다. 반면 가격대가 애매한 단란주점들은 문을 닫았다. 부유층이 잠시 숨을 고르고 나자 다시금 럭셔리한 수요가 곧장 살아난 곳이 바로 강남이다. 대한민국에서 내로라하는 부자들이 모여 사는 곳도 강남이고, 이들의 자녀들이 나고 자라서 노는 땅도 강남이다. 이들의 선후배와 친구들도 죄다 강남에 모여 있다. 기업들도 웬만하면 강남으로 몰려든다. '강남 불패 신화'가 지속될 수밖에 없는 이유다.

이제는 개발이 될 만큼 됐다는 주장도 옳지 않다. 지금도 눈을 돌려 발품을 팔면 유망한 부동산이 널린 곳이 강남이다. 일례로 다가구주택이라 해서 영원한 다가구주택이 아니다. 일반적으로 상권은 대로변에서 시작해 중앙의 주택가까지 잠식해가며 범위를 넓힌다. 야간에 조용해서 잠자기 좋은 주택가라면 지금부터라도 눈여겨봐야 한다는 뜻이다. 실제로 유명 가수 L씨는 청담동 주택가의 단독주택을 허물고 빌딩을 지었는데, 현재 이곳은 웬만한 상권 부럽지 않은 상업 지역으로 변모해가는 중이다.

영화배우 R씨도 가로수길 뒤편 블록에 있는 단독주택을 사들여 7~8년간 보유하고 있었는데, 조용한 주택가였던 이 지역이 최근에는 '세로수길'이라는 새로운 상권으로 발전했다. 지난 2006년 16억 원에 사들인 R씨의 단독 주택은 빌딩으로 다시 올린 후 2015년 12월에 78억8000만 원에 팔렸다.

02 13년 만에 빌딩 15채 주인 된 회장님

강남 지역에서 유명한 W건설사의 회장인 L씨. 현재 그는 빌딩만 15채를 보유한 거부다. 매달 월세로 거둬들이는 수익만 무려 6억8000만 원. 전체 자산 가치는 1400억 원 정도로 평가된다. 얼마 전 필자와 만난 그는 "4년 전에 여윳돈이 있어 40억 원대의 타워팰리스 1채를 샀다"고 말했다. 누군가에겐 평생 만져보지도 못할 40억 원이 어떤 이에게는 여윳돈이 될 수도 있다는 생각이 새삼 다시 떠오른다.

L회장도 태어날 때부터 금수저를 물고 태어난 건 아니었다. 그는 본래 강남 지역에서 원룸이나 다가구주택을 짓던 건축업자였다. 그것도 중견 건설사의 하청을 받아 건축에 나서는 영세 업자였다. 건설사라고 부르기에도 뭣한 규모였다.

필자가 그를 처음 만난 건 IMF 외환 위기가 닥친 1997년이었다. 이후 외환 위기의 후유증이 서서히 끝나갈 무렵 강남 지역에서는 원룸 붐이 크게 일었다. 이제 막 시공에 들어간 원룸도, 심지어 건축 예정인 조감도만 보고도 매매가 성사될 정도였다. 원룸 신축에 나선 하청 업체들은 완공 후 준공검사가 떨어지면 잔금을 받곤 했다. 건물주는 건물 전체를 통으로 임대를 놓거나 임차한 사람이 다시 전대로 세를 놓기도 했다.

당시만 해도 강남 지역에서는 원룸을 찾아보기 어려웠다. 특히 방 하나에 풀 옵션을 갖춘 원룸은 그야말로 획기적인 것이었다. 한번 붐이 일기 시작하자 원가 5억 원에 2배의 이익을 남기고 팔 수 있을 정도였다.

당시 하청 업체들은 공사비를 5회에 걸쳐 나눠 받는 게 관행이었다. 마지막 잔금은 준공검사가 떨어져야 받을 수 있었다. 땅 주인은 공사를 맡겨 수억 원의 이익을 남겨 팔았지만, 하청 건설사는 5000만 원을 남기기도 어려웠다. W사 역시 마찬가지였다. 한번은 철근 트럭이 왔는데 철근값을 내지 못해 필자가 1500만 원을 빌려준 적이 있다.

그의 딱한 사정을 본 필자는 "왜 남의 공사만 하느냐? 당신이 땅을 사서 건물을 올려 팔면 이익을 훨씬 크게 남길 수 있지 않느냐"고 조언했다. 남의 일감을 받아 건물을 올리는 기술만 있었지, 돈을 융통해 활용하는 재테크에는 전혀 관심이 없던 사람이 L회장이었다.

개발 가능성 큰 비인기 상품 찾아야

건설사를 운영하며 쌓은 시공 실적만으로도 은행 대출은 문제없이 받을 수 있었다. 필자도 당시 강남 지역에서 85채를 지어 팔았는데, 그중 40여 채를 L회장에게 공사를 맡겼다. 5000만 원 남는 장사가 아니라 5억 원 남는 장사법을 알게 된 것이다. 이렇게 해서 L회장은 현재 강남에만 빌딩 15채를 보유한 부자가 되었다. 이후 L회장은 다른 지역에서도 건물 신축에 나섰지만 재미를 보지 못하고 실패했고, 지금은 강남 지역 위주로 사업을 운영하고 있다. 현재 L회장이 짓고 있는 15층짜리 공사 현장만 강남에 9곳이 있다.

반포동 롯데캐슬 자리에도 사연이 있다. 아파트가 들어서기 전만 해도 이 지역은 노후한 빌라들이 밀집한 곳이었다. 중견 건설사에 다니다가 정년퇴직한 K씨는 퇴직금과 은행 융자를 합쳐 낡은 빌라 2채를 각각 1억 2000만 원, 1억500만 원에 매입했다. 그가 빌라에 관심을 둔 건 다른 부동산에 비해 훨씬 크게 평가받는 대지 지분 때문이었다.

결과적으로 이 자리에는 고급 아파트가 들어섰다. 향후 개발 가능성을 염두에 두고 누구도 거들떠보지 않던 비인기 상품을 노린 K씨의 선택이 맞아떨어진 것이다. K씨는 1채당 4억5000만 원을 보상가로 받았다. 2채이니 9억 원이다. 전문가 눈으로 볼 때 한 가지 아쉬운 점은 K씨가 보상금을 현금으로만 챙겼다는 사실이다. 필자 같으면 1채는 보상금(4억5000만 원), 1채는 대물(아파트)로 받았을 것이다. 현재 이 아파트의 시세는 23억 원에 이른다.

03 사망한 아들 명의의 빌딩은 누구에게로?

부자들이 자나 깨나 걱정하는 게 있다. 바로 세금이다. 증여세나 상속세 때문에 골머리를 앓는 경우가 허다하다. 재산을 미리 물려주면 훗날 자식에게 화를 입거나, 자식이 나태해질 수 있다는 생각에 부동산 세금 고지서를 집으로 오지 않게끔 조치해놓은 어른들도 있다.

중견 기업 회장 P씨. 그에게는 외아들이 있었는데 아들은 결혼 후 두 명의 자녀를 낳고 행복하게 살고 있었다. P회장은 강남의 200억 원대 빌딩을 일찌감치 아들 명의로 증여해두었다. 자신이 사망한 후 상속하려면 그간 오른 시세 때문에 물어야 할 세금이 커질 것이고, 판다 해도 양도세를 물어야 하니 아예 하루라도 빨리 증여하는 게 낫다는 판단 때문이었다. 대신 임대료는 P회장이 챙기는 조건이었다. 전문가의 눈에도 P회장의 판단은 옳았다. 그런데 문제는 생각지도 못한 곳에서 터졌다. 200억 원짜리 빌딩을 증여한 뒤 얼마 지나지 않아 애지중지하던 아들이 교통사고로 비명횡사한 것이다. 사랑하는 아들이 죽자 그전까지 예쁘게만 봤던 며느리가 한순간에 남처럼 다가왔다.

'제 남편이 죽었는데 시부모와 살겠나. 재혼이라도 한다고 쳐보자. 애꿎은 빌딩만 손주와 며느리 앞으로 상속됐는데, 그걸 시댁에 놓고 가겠나.'

P회장의 이런 의심과 억울함은 곧 현실이 됐다. 며느리의 오빠, 즉 아이들의 외삼촌이 "빌딩이 네 명의인데 왜 시아버지가 월세를 받아 가느냐"며 며느리를 부추기기 시작한 것이다. 며느리 역시 "이제부터 제가 직접 임대료를 챙기겠다"고 선언했고 실제로 세입자들을 만나 자신의 통장으로 월세를 넣을 것을 요구했다. 급기야 얼마 후 아이들 외삼촌의 주도로 빌딩을 팔려고 내놓기에 이르렀다.

이를 알게 된 시아버지가 가만히 있을 리 없었다. 법원에 소송을 내고 건물에는 '악덕 며느리가 재산을 가로챘다'는 현수막까지 붙였다. 월세도 다시 자신이 받는 것은 물론, 아들에게 증여한 재산까지 도로 찾겠다는 게 P회장의 결심이었다. 결론은 어떻게 났을까?

P회장은 한 푼도 건질 수 없었다. 세금을 내고 아들에게 정당하게 증여했고, 아들이 사망한 후에는 상속에 의해 소유권이 아들의 아내(며느리)와 자식(손주)들에게 넘어갔기 때문이다. 방법이 없어진 P회장은 손주들을 상대로 설득에 나섰다. 하지만 어린 손주들이 제 어미를 버리고 할아버지에게 올 리 만무했다. 젊은 며느리는 결국 재혼했다. 아들에, 재산에, 손주들까지 잃어버린 P회장은 화병으로 쓰러졌다. 세상 어느 누구도 미래를 내다보는 능력을 지닌 이는 없다. P회장이 아니라 회장 할아버지라 해도 마찬가지다.

결혼 전 자산은 위자료 산정에 포함되지 않는다

P회장 입장에서는 하나밖에 없는 아들과 손주들, 며느리, 여기에 수백억 원의 재산까지 한꺼번에 잃은 셈이니 그 억울한 심정이 짐작이 가고도 남

는다. 하지만 며느리 입장에서 보면 사랑하는 남편에게서 정당하게 상속받은 재산이다. 남편과 사별 후 재혼을 하는 문제는 재산 상속과는 전혀 다른 차원의 일인 것이다.

P회장처럼 억울함을 겪지 않기 위해서는 사전에 이와 같은 일에 대비하는 준비가 필요하다. 증여에도 '조건부 증여'가 있다. 그도 아니면 가처분 신청도 있다. 예를 들어 아들 앞으로 빌딩을 증여하는 대신 아버지가 해당 자산(빌딩)에 대한 가처분 신청을 해놓는 방법이다. 아버지와 합의 없이는 매매나 증여, 상속을 하면 안 된다는 조건이다. 이렇게 가처분 신청을 해놓으면 P회장의 사례와 같은 일이 벌어져도 해당 부동산을 처분할 수가 없다. 가처분은 말 그대로 '(동의나 조건 없이) 처분하지 말라'는 뜻이다. 가처분 신청은 이혼 과정에서 많이 등장한다. 남편이 이혼한 아내에게 위자료로 부동산을 넘겼을 때 '자녀가 몇 살이 될 때까지' 혹은 '결혼할 때까지 매매하면 안 된다'는 조건을 걸어놓는 식이다.

자신이 사망한 뒤 아들이 물게 될 거액의 세금(상속세)를 피하려고 살아생전 증여에 나선 P회장의 선택 자체는 현명했다. 조금이라도 세금(증여세)을 덜 내려면 결혼 전에 증여하는 게 좋다. 결혼 전에 마련한 자산은 결혼 후 위자료 소송에서 별개로 치기 때문이다. 이혼이 잦은 스타 연예인들 사이에서 이런 사례가 많다. 원조 한류 스타인 배우 R씨는 결혼 전 서울 도곡동에 자기 명의의 빌딩을 가지고 있었다. 그런데 이혼 과정에서 부인이 해당 빌딩에 위자료 조로 25억 원의 가압류를 신청했다. 그런데 이 건물은 R씨가 부인을 만나 결혼하기 전에 자신의 노력으로 마련한 재산이었다. 결국 법원은 두 사람 사이의 위자료 청구 소송에서 해당 건물을 제외했다. 운동선수 출신 예능인으로 맹활약 중인 S씨도 마찬가지다. 현재 그의 명의로 돼 있는 빌딩만 2채인데, 모두 결혼 전에 장만한 재산이다. S씨의 이혼 과정에서 위자료 문제가 이슈화되지 않았던 것도 따지고 보면 이런 배경이 있었기 때문이다.

아무리 재산이 많은 거부라도 준비 없이 사망하면 남은 자손이 엄청난 상속세로 큰 고초를 겪기 쉽다. 살아생전 부모 명의로 있을 때 팔아 현금을 물려주거나 되도록 일찍 증여하는 것이 좋다. 그렇지 않으면 상속세 낼 돈이 없어 빌딩을 팔고, 여기에 양도세까지 이중으로 내는 세금 폭탄을 맞기 십상이다.

04 거지로 사는 땅 부자, 부자로 사는 빌딩 부자

필자가 가끔 '부자 거지'라 부르는 사람들이 있다. 혹은 '땅 거지'라고도 한다. 부자인데 거지이고, 땅을 가지고 있는데 거지라니 이 무슨 억지일까?

은행이나 감정원이 부동산의 자산 가치를 평가할 때 1순위로 치는 상품은 단연 빌딩(건물)이다. 그중에서도 매달 꼬박꼬박 월세가 나오는 건물이라면 0순위로 쳐준다. 자산 가치가 가장 낮은 부동산은 무엇일까? 바로 토지, 즉 땅이다. 밭이나 논, 산 등이 해당된다. 땅에서 정기적으로 임대료가 나오는 사례는 찾아보기 어렵다. 반면 현재 보유 중인 빌딩에서 매달 월세로 5000만 원의 수입이 나온다면 대출이자를 내고도 여유가 있다는 계산을 은행에서도 하는 것이다.

100억 원대에 이르는 땅을 가지고 있다고 쳐보자. 시세가 그렇다는 것이지 아무리 땅을 파보아도 매달 나오는 월세 수입은 없다. 그렇다고 소나무 한 그루를 팔아 용돈으로 쓸 수도 없는 노릇이다. 땅은 수요도 많지 않다. 100억 원이나 되는 땅을 사서 건물을 지으려는 사람이 몇이나 될까?

수백억 원대 땅이라 해서 은행에서 담보 대출을 받을 수 있다고 생각하는 것도 순진한 생각이다. 일반적으로 건물은 시세의 50%까지 가볍게 대출을 받을 수 있다. 50억 원짜리 빌딩이면 25억 원까지 대출해준다는 뜻이다. 그런데 100억 원대 땅이라 해서 50억 원을 대출해줄까? 전문가인 필자의 경험에 의하면 1억 원만 대출 받아도 능력 있는 사람이다. 그것도 이자를 낼 만한 능력이 있다는 것을 은행에 입증해야만 한다.

부동산 가치는 환금성에 의해 결정된다

50억 원대의 빌딩은 어떨까? 팔려고 내놓아도 쉽게 나가고 평소에는 월세 수입도 꾸준히 들어온다. 우리나라에서 부동산의 가치는 얼마나 쉽게 현금화할 수 있는가, 즉 '환금성'에 의해 좌우된다. 아파트가 잘 팔리고 대출도 잘되는 이유가 다른 게 아니다. 쉽게 말해 가격도 잘 오르고 회전율도 좋은 부동산 상품이 높은 가치를 인정받는다는 말이다. 최근 들어 중소형 아파트가 인기인 이유가 여기에 있다.

필자 주변에도 '땅 거지'가 많다. 수십억, 수백억 원대의 땅을 보유한 땅 부자들이다. "지방에 수십억 원대의 땅이 있는데 팔아줄 수 있느냐"라는 문의가 이어진다. 하지만 그 규모에 맞는 땅 임자를 찾기가 하늘에 별 따기다. 그렇다 보니 급한 마음에 땅을 처분하다 쪽박을 차는 경우도 생긴다.

충청북도 청주 지역에 300억 원대의 땅을 가진 부자가 있었다. 사업 자금이 필요해 팔려고 내놓았지만 거액의 돈을 선뜻 땅에 투자하는 사람을 찾기란 여간 어려운 일이 아니었다. 결국 땅 주인은 해당 토지를 쪼개 팔기로 했다. 눈에 잘 띄고 가치 있는 땅부터 나눠 팔겠다는 심산이었다.

곧 임자가 나타났다. 처음 땅을 사는 사람이 좋은 땅을 차지하는 건 당연했다. 일반적으로 토지는 진입로 확보 여부, 남향받이인지, 돌이 많지 않은지, 암반이 없고 물이 나오는지 등 여러 조건이 가격에 반영된다. 심지어 토질 검사를 직접 해보는 경우도 많다. 해당 토지도 좋은 땅은 그런 대로 팔려 나갔다. 300억 원대 땅 중 18억 원가량의 땅이 그렇게 처분됐다. 이제 나머지 282억 원 상당의 땅을 팔아 돈을 마련하면 될 것이다. 그런데 나머지 땅이 잘 팔릴까? 좋은 땅은 벌써 팔렸고 가치가 떨어지는 쭉정이 땅만 남았는데 이를 살 사람이 누가 있을까. 결국 300억 원대 땅이 18억 원대의 땅으로 전락한 것이다. 건물은 어떨까? 50억 원짜리 건물이 하루아침에 30억 원, 15억 원으로 떨어지는 일은 좀체 없다.

05 도곡동 빌딩 주인의 숨은 고민

서울 강남, 그중에서도 도곡동이라 하면 어떤 생각부터 들까? 흔히 '타워팰리스'로 상징되는 강남 최고의 부촌이 바로 도곡동이다. 이런 도곡동에 빌딩 1채 가지고 있다면 어깨에 힘 좀 들어가도 이상할 게 없다. 그런데 실상을 들여다보면 실속 없는 경우가 적지 않다. 강남 지역에서도 최고의 부촌에 빌딩을 가지고 있는데 실속이 없다니 무슨 뜻일까?

도곡동에 빌딩을 1채 가지고 있는 사람이라면 일반인의 눈에는 부자라는 생각이 들기 쉽다. 물론 강남 지역의 건물을 소유하고 있으니 부자는 부자일 게다. 하지만 전문가의 입장에서 "도곡동에 건물 하나만 알아봐달라"는 의뢰를 받으면 말리는 게 상책이다.

도곡동에는 건물의 85%가 주거용 아파트로 채워져 있다. 도곡동에 살고 있다면 돈 좀 있는 사람인 것이 사실이다. 그런데 집이 아닌 빌딩이 있다면 조금 다른 경우다. 필자 같은 전문가들은 도곡동 소재 빌딩을 '별 볼일 없다'고 판단하는 경우가 적지 않다. 흔히 건물의 가치를 산정하기 위해서는 평일과 주말에 모두 붐비는 상권이 형성된 곳을 으뜸으로 친다. 그런데 도곡동은 그렇지 않다. 주거 지역이라 상권과는 거리가 멀다. 조용히 잠자기는 좋아도 빌딩에서 임대 수익을 거두기는 쉽지 않다는 뜻이다. 전문가의 눈으로 볼 때 '압구정동에 빌딩이 있고 살기는 도곡동에 사는 사람'이 진짜 부자이다.

연세 지긋한 고객이 "도곡동에 있는 빌딩을 알아봐달라"고 의뢰한 적이 있다. 필자는 당연히 "도곡동에 있는 빌딩은 자산 가치가 떨어진다"라고 솔직한 조언을 드렸다. 하지만 그 고객에겐 이런 설명이 도무지 먹히질 않았다. 막무가내로 '도곡동 빌딩'만을 원한 것이다.

"그런 소리 하지 마시오. 우리 손자에게서 '우리 할아버지가 초등학교 입학 선물로 도곡동에 있는 빌딩을 사주셨다'는 말을 듣는 게 내 소원이란 말이오."

할아버지가 도곡동 빌딩을 고집하는 이유는 단순했다. 과시용이었다. 강남 최고의 부촌에 있는 빌딩을 사준 할아버지라는 소리를 듣는 게 이 고객의 유일한 목표였다. 하지만 향후 자산 가치나 재테크를 고려해보면 이처럼 어리석은 선택도 없었다.

도곡동은 강남 지역에서 상권이 빠진 대표적인 케이스다. 매봉역 인근의 먹자골목이 유일한 상권이다. 하지만 애석하게도 타워팰리스에 사는 부자들이 매봉역 먹자골목을 찾지는 않는다. 이곳은 타워팰리스에 들어가지 못한 서민들이 이용하는 작은 동네 상권에 불과하다. 그러니 땅값도 안 오르고 임대료도 낮다. 매봉역을 이용해 지하철을 타고 내리는 사람이 많지도 않다. 대부분 승용차를 이용하는 동네이기 때문이다. 이렇게 상식을 뛰어넘는 수요로 거래가 이뤄지는 곳이 바로 강남이다.

06 2000년 강북 혹은 1999년 강남

운동선수 출신 예능인 S씨의 양재동 빌딩(사진 4)은 언론에 감초처럼 자주 언급되는 투자 성공 사례로 유명하다. 애초 이 빌딩은 S씨의 부친이 지난 1999년 경매를 통해 28억 원에 낙찰 받은 건물이다. 그런데 28억 원의 낙찰금 중 대출이 20억 원에 달했다. S씨의 부친은 일찌감치 이 빌딩을 아들에게 증여했다. 여기서 알아두면 유용한 또 하나의 절세 노하우가 있다. 일반적으로 대출금은 증여세 산정 대상에서 제외된다. S씨 역시 대출금 20억 원을 제외한 나머지 8억 원에 대

4

한 증여세만 냈다. 현재 이 건물의 가치는 얼마나 될까? 못해도 220억 원은 나간다는 게 전문가들의 계산이다. 내 돈 8억 원이 17년 후 220억 원으로 불어난 것이다. 이런 게 대박이 아니라면 무엇이 대박일까.

S씨의 부친이 양재동 빌딩 경매에 참여했을 당시 비슷한 물건을 보러 다녔던 사람 중 필자의 고객 P씨가 있다. 가진 돈이 더 많았던 P씨는 지난 2000년에 강북에 있는 빌딩 1채를 52억 원에 사들였다. S씨 부친의 투자 금액보다 무려 24억 원이나 많았다. 현재 P씨의 강북 빌딩의 감정가는 얼마일까? 55억 원이다. 16년간 고작 3억 원 오르는 데 그쳤다. 보통 등기에 드는 비용을 시세의 5%로 계산한다. 소유권 이전 비용을 2억5000만 원으로 계산하면 P씨가 수익으로 손에 쥘 수 있는 돈은 5000만 원 남짓에 불과하다.

위의 두 사례는 왜 강남 소재 빌딩을 선택해야 하는지를 극명하게 보여준다. S씨의 부친이 강남을 선택한 이유는 의외로 단순했다. 자신의 거주지, 즉 사는 곳이 강남(반포동)이었기 때문이다. 현재 자신이 살고 있는 집과 가까우니 관리하기 좋아서였다. 사는 곳과 사들인 건물이 떨어져 있으면 자주 가보지 못하고 그만큼 관리하기도 쉽지 않은 게 당연지사다.

S씨의 부친이 양재동 빌딩을 선택한 이유로 중요한 한 가지가 더 있다. 향후 발전 가능성이었다. 사실 당시 빌딩 매입에 대한 컨설팅을 해준 당사자가 바로 필자다. S씨의 빌딩은 지하철 3호선 양재역과 인접한 초역세권에 자리 잡고 있었다. 그런데 판교신도시가 개발되면서 신분당선 개발 계획도 발표됐다. 3호선뿐이던 양재역은 신분당선 개발 발표와 동시에 강남역과 판교역을 연결해주는 더블 역세권으로 변신했다.

강북의 52억 원짜리 빌딩에 투자한 P씨는 당시 어떤 계산으로 빌딩을 사들였을까? 그 역시 나름대로 역세권을 선택했다. 바로 지하철 4호선 쌍문역이다. 양재역과 쌍문역, 모두 지하철역이 가까운 역세권이긴 마찬가지다. 더욱이 양재동 빌딩은 380㎡(115평), 쌍문동 빌딩은 926㎡(280평)에 달했다. 이쯤 되면 애초 투자에선 무게감부터 달랐다.

이에 더해 양재동 빌딩은 노후한 5층 건물이었고, 쌍문동 빌딩은 8층의 신축 건물이었다. 양재동은 보증금 3억 원에 월세 1200만 원이, 쌍문동은 보증금 6억 원에 월세 2100만 원이 나왔다. 여기서 다시 생각해보자. 투자 당시의 상황만 고려해보면 P씨가 강북의 빌딩을 택한 것도 무리가 아니다.

미래 가치를 보고 투자하라

문제의 핵심은 자산 가치의 변화를 내다보지 못했다는 데 있다. 빌딩 역시 시간이 지날수록 가격이 떨어지는 게 일반적이다. 바로 '감가상각'이다. 아무리 비싼 수입차라도 무상 수리 기간 3년이 지나면 중고차 가격이 절반으로 떨어지는 것과 같다. 건물 가격이 떨어지는 대신 오르는 것이 있다. 땅값이다. S씨 부친은 오히려 건물 가격을 거의 쳐주지 않는 낡은 건물을 사들였다. 역발상이다. 이게 바로 전문가의 투자 노하우다.

반면 P씨의 쌍문동 빌딩은 매입 당시 건물 가격만 못해도 10억 원은 나갔을 것이다. 이에 비해 양재동 빌딩은 오래되고 낡은 빌딩이었지만 리모델링하기에는 좋은 건물이었다. 물론 강북의 빌딩도 매달 월세가 나오고 시세도 3억 원이 오르긴 했으니 완전히 실패한 투자는 아니다. 하지만 순수 투자금 8억 원을 들여 200억 원대 빌딩의 주인이 된 S씨의 사례와는 비교할 수조차 없다. 상대적인 투자 수익을 비교해보면 참패에 가깝다.

강남 지역에서 이뤄지는 빌딩 매매 중개는 초보자라도 어렵지 않게 뛰어들 수 있는 구조다. 꼼꼼한 분석이 없더라도 어느 정도의 수익을 보장하기 때문이다. 50억 원짜리 빌딩을 중개인이 고객에게 50억 원에 매입하도록 해도 어느 정도는 오르게 마련이다. 다른 지역은 어떨까? 막상 중개인이 매입을 권했는데 오르기는커녕 떨어진다면 욕만 먹기 십상이다. 강남에서는 그럴 가능성이 거의 없다. 반면 강북은 사전에 치밀한 분석을 해야만 한다. 강북의 빌딩은 주로 급매물로 나온 것을, 그것도 대개는 강남 사람들이 산다. 시세보다 훨씬 싸게 나온 물건이라야 그나마 관심이라도 받는다는 뜻이다.

강남 소재의 빌딩을 소유한 부자들이 퇴거지(전입지)를 자신이 소유한 빌딩에 두는 것도 이들만의 특징이자 세법상의 노하우다. 일반적으로 빌딩 주인들은 빌딩이 아니라 다른 곳에 있는 집에 사는 경우가 많다는 것을 감안하면 의외의 모습이다. 예를 들어 사는 집은 분당에 있는데 퇴거지를 빌딩 주소지인 강남에 두는 식이다. 이유가 무엇일까?

강남의 50억 원짜리 빌딩을 생각해보자. 강남 지역에서 이런 가격대의 빌딩을 소유한 부자는 차고도 넘친다. 다시 말해 국세청의 관심 밖에 밀려나 있다는 뜻이다. 반면 안양이 주소지인 사람이 강북에 50억 원짜리 빌딩을 가지고 있다고 생각해보자. 관할 세무서가 주목할 수밖에 없는 부자로 찍히는 지름길이다.

PART 3

재테크 고수, '스타'가 찜한 강남 빌딩

01 스타들의 강남 빌딩 투자 열전

웬만큼 이름이 알려진 스타라면 탄탄한 중소기업이나 중견 기업이 부럽지 않을 정도의 수익을 올리는 것으로 알려져 있다. 한류 열풍을 타고 대한민국은 물론 전 세계적인 스타로 우뚝 서는 것도 어제오늘 일이 아니다. 한 번 뜨면 수백억 원을 벌어들이는 요즘 스타들. 하지만 이들이라고 해서 마냥 행복하게 웃고 지낼 수만은 없다. 화무십일홍(花無十日紅)에 권불십년(權不十年)이라고 했던가. 정상에 오르면 내려갈 일도 있는 것이 사람 사는 세상의 이치이다. 특히 요즘처럼 인기를 누리는 주기가 짧고 소셜 미디어 등을 통한 온갖 구설과 리스크가 지뢰처럼 묻혀 있는 세상에선 더욱 그렇다. 세상 부러울 것 없을 정도로 잘나가는 연예인들이 '공황장애'를 달고 사는 것을 보면 그리 부러운 직업만도 아니라는 생각이 든다.

필자는 직업의 특성상 소위 잘나가는, 즉 돈 잘 버는 스타들을 자주 접한다. 1990년대만 하더라도 한창 잘나가는 젊은 스타들이 재테크, 특히 부동산 투자에 관심을 갖는 건 드문 일이었다. 나이를 지긋이 먹은 중견 연예인쯤 돼야 평생 일해 모아놓은 돈으로 땅도 사고 건물도 사곤 했다. 하지만 2000년대 들어 이런 풍속도가 완전히 달라졌다. 한창 잘나갈 때 반짝 벌어서 흥청망청 쓰는 이들도 여전히 많지만 알토란 같은 돈을 부동산, 특히 돈 되는 강남 빌딩에 투자하는 스타들이 부쩍 늘기 시작한 것이다.

노후를 보장하는 스타의 빌딩 투자

스타들이 가장 두려워하는 것이 무엇일까? 바로 노후다. 젊을 때야 활발하게 활동하며 돈을 쓸어 담지만 나이 들어 일거리가 떨어지고 수입도 줄기 시작하면 어떻게 될까? 스타들 중에 의외로 신용불량자가 많다는 사실을 아는 이는 많지 않다. 수입은 없으면서도 잘나갈 때의 씀씀이를 버리지 못하는 경우가 허다하다. 때로 과거의 영광을 잊지 못해 괴로워하다 극단적인 선택을 하는 연예인까지 봤다.

과거에는 성공한 연예인임을 상징하는 재산 목록 1호가 자동차였다. 최고가의 외제 승용차나 슈퍼카가 이들이 누리는 특권처럼 여겨졌다. 요즘은 어떨까? 자동차는 더 이상 재산 목록 1호가 아니다. 강남에만 나가봐도 여기가 대한민국 땅이 맞나 싶을 정도로 차고 넘치는 게 외제차다. 돈 좀 있다 싶으면 누구나 살 수 있는 물건이 돼버렸으니 스타들이 자동차로 경쟁하는 풍경은 사라진 지 오래다. 그럼 이제는 무엇으로 자존심을 세울까? 바로 빌딩이다.

최근 잘나가는 스타들 사이에서 경쟁하며 유행처럼 번지는 건 부동산 투자, 그중에서도 빌딩 매입이다. 자신의 명의로 된 빌딩이 있느냐 없느냐로 서로 자존심 경쟁에 나선다. 필자에게 좋은 물건을 추천해달라던 한 스타에게 빌딩을 사려는 이유를 묻자 "아무개 때문에 자존심이 상해서"라고 답한 경우도 있다. 예전에는 50대 이상은 돼야 부동산에 투자하는 연예인이 많았고 젊은 스타들이 부동산, 특히 빌딩을 사들이는 경우는 거의 없었다. 하지만 요즘은 트렌드가 완전히 달라졌다. 떴다 싶으면 바로 빌딩을 매입하기 위해 달려든다. 구하라, 한승연, 보아 같은 젊은 스타들이 이미 강남 소재 빌딩을 소유한 부자들이다.

일일드라마에 매일 얼굴을 내보이는 중견 탤런트라면 매일같이 받는 출연료만 해도 엄청날 것 같지만, 이들 중에는 의외로 모아놓은 재산이 없는 사람이 많다. 한 회 출연료로 꽤 많은 돈을 챙기고 거의 쉬는 일 없이 매일 드라마에 출연하니 모은 돈도 상당할 것 같지만 실상은 반대이다. 대개 집 1채가 전부인 경우가 태반이다. 그러니 열심히 일하지 않으면 안 되고 매일 얼굴을 내비칠 수밖에 없는 것이다.

반면, TV 광고에나 꾸준히 나오고 본업인 드라마 출연은 손에 꼽을 정도로 하는 탤런트들도 있다. 이런 스타들은 십중팔구 다른 주머니가 있게 마련이고 대부분은 자기 명의의 빌딩이라도 1채씩 있는 사람들이다. 건물의 가치가 꾸준히 오르고 월세도 받아 쓰니 웬만해선 사는 데 쪼들릴 일이 없다. "안 돼도 좋다"라며 여유를 부릴 수 있으니 출연료 협상에서도 당당해 방송 판매권까지 가져오는 배우가 있을 정도다. 차인표, 이재룡, 길용우, 박정수, 임하룡, 최란 같은 배우들이 후자에 속하는 스타들이다.

원로 영화배우인 김지미도 지난 1994년 청담동의 한 빌딩을 사들였다. 당시 취득가는 20억~30억 원 사이로 추정된다. 김 씨는 지난 2010년 이 빌딩을 임세령 대상그룹 상무에게 260억 원에 되팔았다. 순전히 필자의 상상이긴 하지만 김 씨에게 청담동 빌딩이 없었다면 그의 노후가 어떠했을까? 엄청난 시세 차익을 거둔 김 씨의 사례는 말 많은 연예가에서도 '대박 뉴스'로 떠돌았고 스타들 사이에서 빌딩 붐이 일어난 계기가 되기도 했다. 현재 필자의 고객 중 25%가 연예인이다.

부르는 게 값인 '그들만의 리그'

스타들의 직업군 중 빌딩 투자에 유독 관심이 많고 단연 두각을 나타내는 건 배우들이다. 한 작품의 촬영을 마치면 휴식기가 길기 때문이 아닌가 짐작된다. 1년에 2~3달 정도 힘들게 일하고 그 수익으로 건물을 사러 다니는 것이다. 대표적인 예가 재작년 한국과 중국에서 빅 히트를 친 드라마에 여주인공으로 출연했던 G씨다. 드라마로 그녀가 벌어들인 수익은 200억 원 이상으로 추정된다. 드라마 종영 후 그녀는 삼성동에 70억 원짜리 빌딩을 사들였다. 지난해에는 자신이 속한 기획사 사장과 공동 명의로 삼성동의 40억 원짜리 빌딩을 매입했다. 드라마 출연으로 올린 수입의 상당 부분을 빌딩에 투자해 자산가 반열에 오른 것이 그녀의 재테크 노하우이다.

이에 비해 가수들은 개인 시간을 활용하기가 녹록지 않아 부동산 투자에 나서지 않는 경우가 많았다. 그런데 요즘에는 이런 경향도 사라지는 것 같다. 특히 젊은 아이돌 스타들이 '빌딩 쇼핑'에 가세하기 시작한 게 이례적이다. 예전에는 보기 어려웠던 현상이다. 요즘 뜨는 젊은 가수들의 경우 과거의 '노예 계약'이 사라지고 정당한 수입을 거두게 되었고, 짧은 기간에 거액의 수입을 올려 부동산 투자에 적극적으로 나서기 시작한 것이다. 이제 20대에 불과한 아이돌 스타들 중에는 아직 빌딩은 없다손 치더라도 30~40억 원대의 고급 빌라를 가진 이들은 꽤나 많다.

스타들이 소유한 빌딩은 입지가 일반적인 투자자와는 조금 다른 것이 특징이다. 흔히 생각하듯 유동인구가 많은 상권이나 깨끗한 신축 빌딩은 이들의 관심 밖이다. 실제로 스타들이 사들인 빌딩을 찾아가 보면 지나다니는 사람이 거의 안 보일 정도로 조용한 곳이 많다.

이들은 시세 차익을 남기기보다는 조용하고 아늑하고 고급스러운 지역을 선호한다. 남들 눈에 띄는 것을 싫어하고 어차피 이동도 개인 승용차를 이용하기 때문에 대중교통 여건이 좋지 않아도 상관없다. 심지어 고객과의 전화 통화만으로는 찾아가기가 어려운 곳도 많다. 그런데도 이런 빌딩의 임대료가 대한민국 최고 수준이다. 세입자들도 성향이 비슷한 사람들이기 때문이다. 건물주나 세입자나 프라이버시를 침해받지 않고 싶은 사람들인 것이다.

그렇다 보니 호프집이나 노래방 같은 업소가 들어선 빌딩은 당연히 이들의 선택지에서 제외된다. 예외 사례가 양현석 YG엔터테인먼트 대표와 배우 김태희 정도다. 양 대표는 홍대 상권에서 오랜 기간 활동해온 터라 빌딩 역시 해당 지역의 상업화된 건물을 선호하는 것으로 알려졌다. 김태희는 강남역 인근에 호프집 등이 들어선 빌딩을 소유하고 있다.

시세가 존재하지 않는 특수 지역

스타들은 왜 이렇게 강남 지역 빌딩에 목을 맬까? 여러 가지 이유가 있지만 대부분은 자신이 사는 집과 가깝기 때문이다. 아침 일찍 출근해 저녁에 퇴근하는 일반인들의 라이프 사이클과 스타들의 그것은 완전히 다르다. 남들이 일하는 낮에 잠도 자고 휴식을 취하려면 무엇보다 인근이 조용하고 보안도 철저한 지역이라야 한다. 또 자신이 사는 집과 자신의 빌딩이 가까워야 좋다. 그들이 사는 곳이 청담동, 삼성동이다 보니 고급 빌라와 아파트, 주상복합 아파트 등이 대부분 이 지역에 몰리는 것이다.

일반 투자자라면 특히 이러한 강남의 특성을 모르고 무조건 투자에 뛰어들면 안 된다. 상업화된 지역은 시세의 상한선과 수요의 상한선이 존재한다. 아무리 입지가 좋고 깨끗한 빌딩이어도 인근의 시세와 어느 정도 발을 맞출 수밖에 없다는 뜻이다. 홍대, 신촌, 종로, 강남역, 건대, 서울대 등의 떠오르는 대형 상권이 바로 이런 지역들이다.

그런데 최근에는 일반인들도 스타들의 부동산 재테크를 따라가는 트렌드가 나타나고 있다. 특히 강남 지역의 부동산을 찾는 사람들은 수익은 물론 고급스러운 이미지 관리를 무엇보다 중시하는 경향이 있다. 그러니 이런 기호를 맞출 수 있는 특수 지역들이 생겨났고, 이 지역에선 소위 시세라는 게 아예 존재하지 않는다. '부르는 게 값'이란 의미다.

일례로 송혜교, 김승우·김남주 부부가 터를 잡은 삼성동 '현대주택단지'가 대표적이다. 이곳은 돈 좀 있고 아는 사람들끼리의 직거래 매매가 활발한 지역이다. 프라이버시를 중시하다 보니 중개인을 끼지 않고 거래한다. 과거 배우 이미연은 이곳의 집을 80억 원에 팔았는데, 가수 비(정지훈)는 75억 원에 팔았고, 송혜교는 92억 원에 사들였다. 아무리 시간 차가 있다고 해도 집 1채에 20억 원이 넘게 차이 나는 시세가 상식으로는 잘 이해되지 않는다. 사고 싶고 또 팔고 싶은 이들이 서로 알아서 가격을 매기고 주고받는, 부동산 투자의 상식이 통용되지 않는 사례다.

02 청담동 '부동산 스캔들'

'부동산의 핫 스폿' 강남에서도 단연 인기 지역은 청담동이다. 오죽하면 청담동 사람들의 이야기를 다룬 드라마까지 나왔을까. 그만큼 청담동은 상류사회의 아이콘이 됐고 이는 오늘날 최고의 셀러브리티로 떠오른 스타들에게도 마찬가지다. 특히 자녀를 둔 부부 연예인들에게 청담동은 꾸준히 사랑받는 지역이다. 대표적인 예가 탤런트 유호정·이재룡 부부이다. 얼마 전 미국으로 떠난 신애라 · 차인표, 손지창 · 오연수 부부도 한때는 청담동 주민이었다. 김남주 · 김승우, 장동건 · 고소영, 권상우 · 손태영 부부도 청담동에 빌딩을 소유하고 있으며 김호진 · 김지호 부부도 행정구역상으로는 신사동이지만 정서적으로는 청담동에 속하는 곳에 빌딩을 가지고 있다. 스타들은 대체 왜 청담동을 이토록 사랑하는 걸까?

청담동이 사랑받는 이유는 탁월한 입지 조건 때문이다. 사실 이곳은 대중교통이 발달하지 않아 자동차가 없는 사람들이 접근하기 어렵다. 상대적으로 대중교통을 통한 접근성이 떨어지기 때문에 그만큼 낯선 외지인들이 오지 않아 인적이 드물다. 대중의 시선을 의식해야 하는 연예인들이 청담동을 선호하는 이유도 바로 이 때문이다. 압구정동처럼 복잡하지 않으면서도 카페나 고급 음식점, 헤어숍 등은 가깝게 위치해 생활하는 데도 큰 어려움이 없다. 그뿐만 아니라 청담동은 올림픽대로, 강변북로와 인접해 있어 여의도나 상암동 쪽에 있는 방송국으로 이동하는 데도 용이하다. 또 스타들에게는 대형 연예기획사들이 인근에 밀집해 있다는 점도 청담동이 주는 큰 장점이다.

청담동의 또 하나의 메리트는 바로 명품 학군이다. 한강과 압구정 로데오, 청담동 거리 안쪽에는 청담초등학교, 청담중학교, 청담고등학교가 담벼락 하나를 사이에 두고 나란히 모여 있다. 유흥가와는 떨어져 있으면서 고급 빌라와 단독주택 사이에 위치해 있으니 자녀들이 학업에 집중하기에 더없이 적합한 환경이다. 요즘은 사립학교 붐이 일면서 다른 지역의 학교로 자녀를 입학시키는 연예인 부모도 많지만, 초 · 중 · 고로 이어지는 청담동의 교육 환경은 여전히 무시할 수 없는 최고의 학군으로 대접받고 있다.

'잘 아는 곳에 투자하라'는 부동산 철칙대로 연예인들은 주거를 넘어 청담동에서 빌딩 재테크를 병행한다. 일반적으로 유흥업소에 건물을 임대하면 다른 상업 시설보다 높은 임대 수익을 얻을 수 있는 것이 사실이다. 하지만 왕성하게 활동하는 스타들의 경우에는 이미지 관리를 위해 세입자도 가려서 받을 수밖에 없다. 그렇기에 청담동에 있는 빌딩을 소유하면 해당 연예인의 고급스러운 이미지에도 도움이 된다. 현재 이재룡·유호정 부부가 소유한 리앤유 빌딩에는 카페가, 배우 고소영의 테티스 빌딩에는 명품숍이 입주해 있다.

최근에는 전원생활을 꿈꾸는 연예인이 늘면서 경기권으로 거처를 옮기는 사례도 많아지는 추세다. 하지만 자녀를 둔 스타 부부들이 지속적으로 연예 활동을 하는 한 이들의 청담동 사랑은 당분간 식지 않을 것이다.

공동 명의로 각자의 재산 지키는 부부 스타들

스타 부부는 건물을 매입할 때 부부 공동 명의로 계약하는 게 일반적이다. 장동건·고소영 부부를 제외한 유호정·이재룡, 차인표·신애라, 손지창·오연수, 김남주·김승우 부부는 모두 부부 공동 명의로 빌딩을 소유하고 있으며, 권상우·손태영 부부는 권상우가 대표이사, 손대영이 감사로 있는 회사 명의로 빌딩을 보유하고 있다.

이처럼 부부 공동 명의로 건물을 소유하려는 건 그 나름의 이점이 있기 때문이다. 첫째, 빌딩을 취득하면서 금융기관에서 대출을 받을 경우 1인 명의의 대출 금리보다 공동 소유의 대출 금리가 저렴하고 대출 한도도 높다. 둘째, 공동 소유 부동산인 경우 배우자 몰래 어느 한쪽이 임의로 담보 대출을 받거나 부동산을 매매하기 어려워 공동의 재산을 지키는 데 도움이 된다. 혹시라도 건물에 대해 경매가 진행될 경우에도 일부 지분에 대해서만 경매가 이뤄지므로 어느 정도의 자산 방어 효과가 있다. 셋째, 부동산을 처분할 때 1인 명의에 비해 양도소득세를 비롯해 상속세 · 증여세 · 종합소득세 · 재산세를 절감할 수 있다. 마지막으로 부부 간에 재산 분쟁 시 공동 소유라는 안전장치 덕에 자신의 재산을 지킬 수 있다는 심리적인 안정 효과도 있다.

03 100억 원이 우스운 스타들의 빌딩 재테크

강남 지역, 특히 신사동과 청담동 일대의 빌딩 매입에 가장 열을 올리는 이들이 바로 스타들이다. '한류 스타'로 불리는 특급 연예인이나 수십억, 수백억 원의 연봉을 받는 스포츠 선수들 치고 이 지역에 자기 명의의 빌딩이 없는 이를 찾아보기 어려울 정도다. 신사동과 청담동을 이들의 아지트라 불러도 손색없는 이유다. 신사동과 청담동 일대의 빌딩 투자에 관해 자문하거나 직접 거래를 맺은 필자의 고객 중 60% 정도의 법인과 30%의 개인을 제외하면 나머지는 대부분 스타들이다.

앞서 설명한 대로 스타들이 신사·청담 벨트를 고집하는 것은 그만큼 프라이버시를 보호받으며 살기가 편하기 때문이다. 대중의 시선에서 자유롭기에 서울에서 이만한 지역이 다른 곳엔 없다. 또 이름이 알려진 스타의 빌딩이라고 하면 소위 '네임 밸류 프리미엄'이 시세에 10% 정도 붙게 마련이다. '누구누구의 빌딩'이라는 이름값이다.

신사동과 청담동 일대 빌딩을 소유한 스타는 누구?

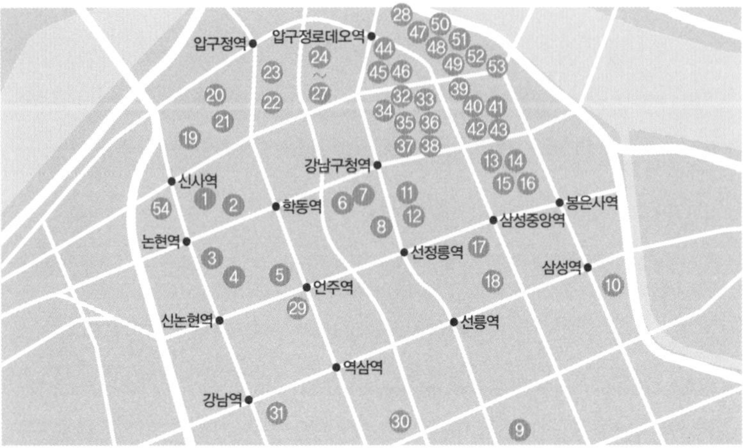

① 고소영 ② 이효리 ③ (주)더본코리아(백종원) ④ 장혁 ⑤ 서태지 ⑥ 이지훈 ⑦ 이다해 ⑧ 최란 ⑨ 장범준 ⑩ 류시원 ⑪ 장근석 ⑫ 수지 ⑬ 이재룡 ⑭ 송혜교 ⑮ 김남주 ⑯ 송혜교 ⑰ 원빈 ⑱ 이승철 ⑲ 리쌍 ⑳ 류승범 ㉑ (주)피에스그룹(박찬호) ㉒ 장우혁 ㉓ 신승훈 ㉔ 김지호 ㉕ 임하룡 ㉖ 이정재 ㉗ 박정수 ㉘ 이수만 ㉙ 심수봉 ㉚ 최지우 ㉛ 김태희 ㉜ 김정은 ㉝ 김남주 ㉞ 유인촌 ㉟ 이문세 ㊱ (주)수컴퍼니(권상우) ㊲ 한승연 ㊳ 장근석 ㊴ 유진 ㊵ 장우혁 ㊶ 최란 ㊷ 차인표 ㊸ 이재룡 ㊹ 임세령 ㊺ 손지창 ㊻ 김희애 ㊼ 고소영 ㊽ 보아 ㊾ 이미연 ㊿ 최지우 51 가수 비 52 (주)에스엠 53 (주)에이치비패밀리홀딩스(현빈)
(2016년 10월 31일 현재)

연예계 최고 빌딩 부자는 이수만 SM 대표

연예계 스타와 유명 스포츠 선수들 중 최고의 빌딩 부자는 누구일까? 수백억 원을 호가하는 빌딩 부자가 수두룩한 게 이 바닥이지만, 단연 군계일학의 자산 가치를 지닌 빌딩을 뽐내는 이가 있다. SM엔터테인먼트의 이수만 대표다.

이 대표는 지난 2005년 현재의 SM엔터테인먼트 본사가 자리한 빌딩 1채를 매입했다. 이 대표는 이어 앞서 매입한 건물 뒤편의 빌딩 2채를 차례로 추가 매입했다. 현재 SM엔터테인먼트는 빌딩 3채를 모두 사옥으로 활용하고 있는데, 시세 총액이 약 920억 원에 이르는 것으로 평가받는다. 특히 빌딩과 마주한 대로 건너편에 이건희 삼성그룹 회장이 빌딩 2채를 사들이면서 인근 시세가 폭등하기도 했다. 한류 스타의 본거지인 SM엔터테인먼트를 비롯해 JYP엔터테인먼트 등 대형 연예기획사가 밀집한 지역적 특성 덕에, 강남구가 한류 특구를 조성하고 있는 것도 이 지역의 부동산 가치 상승을 더욱 부채질하는 요인이다.

이 대표는 이 밖에 청담동에도 지하 2층~지상 5층짜리 건물을 보유하고 있다. 지난 2012년 166억7281만 원에 사들인 이 빌딩의 현재 시세는 200억 원에 이른다. 물론 법적 소유주(명의)는 SM엔터테인먼트와 SMFNB디벨롭먼트로 돼 있지만, 사실상 이 대표의 빌딩이라고 보면 압구정동의 SM엔터테인먼트 본사의 자산 가치와 합친 시세가 1120억 원에 달한다. 빌딩 가치로만 웬만한 중견 기업의 연매출액과 맞먹는, 그야말로 연예계 최고의 빌딩 부자라 할 수 있다.

이수만 대표의 뒤를 잇는 스타 빌딩 부자는 가수나 배우 같은 연예인이 아니라 스포츠 스타들이다. 요즘도 한국 프로야구사를 다시 쓰고 있는 삼성 라이온즈의 이승엽 선수와 한때 메이저리그를 호령한 박찬호 선수가 당당히 빌딩 부자 리스트 상위권에 이름을 올리고 있다. 특히 이승엽 선수는 강남이 아닌 성동구 성수동에 9층짜리 빌딩(사진 5)을 보유해 특이한 케이스라 할 수 있다. 지난 2009년

5

293억 원에 사들인 이 빌딩의 현재 시세는 350억 원 정도로 추정된다. 매입 당시와 비교한 시세 차익만 57억 원이니 부동산 재테크의 모범 사례라 할 만하다.

박찬호 선수는 지난 2003년, 신사동의 지하 4층~지상 13층 빌딩(사진 6)에 땅값과 공사비 약 130억 원을 투자했다. 이 빌딩의 현재 가치는 520억 원이며 시세 차익은 390억 원으로 시세와 시세 차익 모두 박찬호 선수가 당당히 1등을 차지한다.

300억 원대 빌딩 부자 스타 '수두룩'

스타들의 빌딩 사랑을 잘 보여주는 사례로 빌딩 부자 순위 4위에 오른 장근석을 들 수 있다. '아시아의 프린스'로 불리며 한류 스타로 입지를 다지는 데 성공한 장근석은 빌딩 투자에 있어서도 업계 관계자들 사이에서 신흥 강자로 떠올랐다. 지난 2011년 청담동의 지하 2층~지상 6층의 빌딩을 개그맨 서세원으로부터 85억 원에 사들인 그는 지난해에도 삼성동의 지하 3층~지상 6층짜리 빌딩을 추가 매입했다. 청담동 빌딩의 현재 시세는 120억 원, 지난해 사들인 삼성동 빌딩은 250억 원이다. 두 빌딩의 자산 가치를 합치면 370억 원에 달한다. 장근석은 삼성동 빌딩을 매입하기 전만 해도 연예계 빌딩 부자 순위 20위권에 머물렀다가 250억 원짜리 빌딩의 새 주인이 되면서 순위가 급상승했다.

장근석 외에 빌딩으로 300억 원대 자산을 보유한 스타는 가수 비(정지

훈)와 배우 송승헌, 박중훈 등이다. 비는 청담동에 지하 1층~지상 2층 빌딩(사진 7)을 소유하고 있는데, 통유리로 된 외관이 인근의 트레이드마크로 불릴 정도로 세련된 건물이다. 지난 2008년 168억5000만 원에 사들인 이 빌딩의 2016년 현재 시세는 320억 원으로 평가받는다. 송승헌은 서초구 잠원동의 지하 1층~지상 4층 빌딩(사진 8)을 지난 2006년 114억 원에 매입했다. 현재 시세는 310억 원이다. 박중훈은 2003년 역삼동 건물을 사들여 지하 4층~지상 14층 빌딩(사진 9)을 신축했다. 현재 이 빌딩의 가치도 300억 원을 호가한다.

농구 선수 출신으로 요즘 들어 예능 프로그램의 핫 스타로 떠오른 서장훈도 빌딩 재테크로 둘째가라면 서러워할 케이스다. 그는 IMF 외환 위기의 여파가 채 가시지 않았던 지난 2000년 서초구 서초동의 지하 2층~지상 5층 건물을 28억 원에 사들였다. 2016년 현재 이 빌딩의 시세는 220억 원에 이른다. 해당 빌딩에서 서장훈이 매달 받는 임대료만 수천만 원이며 건물 옥

상에 설치된 대형 광고판에서 거두는 광고 수익도 상당한 것으로 알려져 있다. 잘 사들인 빌딩 하나로 일반인보다 훨씬 이른 은퇴 후에도 경제적 여유를 누리며 살고 있는 셈이다.

10

11

12

그 밖에도 인기 스타 중 시세 200억 원 이상의 빌딩을 보유한 사람은 많다. 이재룡·유호정 부부가 소유한 청담동 지하 1층~지상 5층짜리 빌딩(사진 10)의 시세는 250억 원이다. 두 사람은 삼성동에도 지하 1층~지상 2층 빌딩(45억 원)을 소유 중인데, 두 빌딩의 시세를 합치면 295억 원에 이른다. 잉꼬 커플로 명성이 자자한 연예인 부부 중에서도 이들이 가장 큰 부동산 부자로 꼽힌다. 차인표·신애라 부부, 김승우·김남주 부부도 청담동에 210억 원, 150억 원 상당의 빌딩(사진 11 : 차인표·신애라 부부 소유 빌딩, 사진 12 : 김승우·김남주 부부 소유 빌딩)을 가지고 있다.

13

보유한 빌딩 수가 많기로 유명한

이는 한류 스타 1세대인 배우 최지우다. 그녀는 강남구 청담동과 역삼동, 삼성동에 각각 100억 원, 50억 원, 85억 원 상당의 빌딩 3채를 소유하고 있다. 전체 가치를 합하면 현재 시세 235억 원에 이른다. 가수 서태지(정현철)도 자신과 아버지 공동 명의로 논현동에 지하 2층~지상 6층 빌딩(사진 13)을 2002년에 사들였다. 현재 시세는 230억 원이다. 배우 김희애는 청담동에 지하 1층~지상 3층의 주차장을 소유한 것이 눈에 띈다. 철골 구조물에 불과한 주차장이지만 청담동 금싸라기 땅이라 현재 시세 230억 원에 달한다.

잘 산 만큼 잘 파는 스타들

스타라고 해서 소유 부동산을 천년만년 안고 가는 것은 아니다. 돈을 투자해 수익을 거두는 것이 재테크의 기본이자 목적인 이상, 적정 수준으로 가격이 오르면 소유한 자산을 매각해 큰돈을 손에 쥐는 것은 당연한 수순이다.

연예계 스타 중 시세 차익을 실현한 모범 사례는 배우 류승범이다. 부동산 전문가들도 그의 재테크 노하우에 대해 존경을 표할 정도. 류승범은 지난 2006년에 신사동 가로수길의 허름한 단층 건물을 16억 원에 매입했다. 이후 가로수길이 강남 최고의 상권으로 떠오르자 2012년 들어 단층 건물을 허물고 그 자리에 지하 2층~지상 2층짜리 빌딩을 신축했다. 유리로 마감된 세련된 외관의 이 빌딩은 트렌디한 인사들이 몰려드는 가로수길에서도 단연 눈에 띄는 명소가 됐다.

류승범은 지난 2015년 이 빌딩을 개인 소유자인 이모 씨에게 78억8000만 원에 팔았다. 시세 차익만 62억8000만 원이다. 건물 신축 비용으로 대략 10억 원 정도가 들었다고 가정해도 50억 원이 족히 넘는 차익을 실현한 셈이다. 그는 지금도 신사동의 지하 1층~지상 5층 빌딩을 보유 중이다.

지난 2010년 21억5000만 원에 사들인 이 빌딩의 2016년 현재 시세는 70억 원이다.

가수 비(정지훈)는 강남구 삼성동의 현대주택단지에 있는 지하 1층~지상 2층짜리, 연면적 516㎡(156평)의 주택을 지난 2006년에 31억7000만 원에 경매로 낙찰 받았다. 3.3㎡(1평)당 2032만 원 수준이다. 이 집의 전 주인은 다름 아닌 개그맨 서세원·서정희 부부였다. 새로운 집주인이 된 비는 이 집을 지난 2014년에 홍선근 머니투데이 회장에게 75억 원에 팔았다. 홍 회장은 한 해 건너 2016년 5월에 이 집을 다시 개인 소유자인 이모 씨에게 78억5000만 원에 되팔았다. 비가 낙찰 받은 금액을 따져보면 46억 원 이상 시세 차익이 발생했다.

걸 그룹 '카라'의 멤버이자 배우로도 활동 중인 구하라도 부동산 투자로 큰 수익을 거둔 재테크 고수이다. 구하라는 강남구 청담동의 지하 1층~지상 5층짜리 빌딩을 지난 2012년에 11억5600만 원에 매입했다. 3.3㎡(1평)당 3042만 원 수준. 구하라는 이 빌딩을 2015년 5월 개인 소유자 이모 씨에게 20억8000만 원에 팔았다. 불과 3년 만에 10억 원 가까운 시세 차익을 남긴 것이다.

1세대 걸 그룹 출신 중 가장 잘 풀린 케이스로, 현재는 배우로 왕성하게 활동 중인 윤은혜는 강남구 역삼동 소재 지하 1층~지상 2층 건물의 소유주였다. 그녀는 이 빌딩을 지난 2010년 2월에 16억5000만 원에 매입했다. 3.3㎡(1평) 당 2538만 원 수준이다. 윤은혜는 이 건물을 지난 2012년 개인 소유자 손모 씨에게 18억 원에 팔아 2년 만에 1억5000만 원의 시세 차익을 남겼다.

여성 톱스타 중 하나인 배우 하지원은 서초구 서초동에 자리한 지하 1층~지상 5층 빌딩을 지난 2005년에 34억 원에 사들였다. 명의자는 그녀

스타들의 빌딩 소유 현황

번호	용도	시세	연예인	기타
1	단독주택	45억 원	고소영	
2	단독주택	40억 원	이효리	
3	빌딩	140억 원	(주)더본코리아	백종원
4	빌딩	160억 원	장혁	
5	빌딩	230억 원	서태지	
6	빌딩	67억 원	이지훈	
7	상가건물	55억 원	이다해	공동 소유
8	단독주택	60억 원	최란	공동 소유
9	상가건물	30억 원	장범준	공동 소유
10	빌딩	90억 원	류시원	
11	빌딩	250억 원	장근석	
12	상가건물	37억 원	수지	
13	단독주택	45억 원	이재룡	공동 소유
14	단독주택	99억 원	송혜교	
15	단독주택	85억 원	김남주	
16	단독주택	95억 원	송혜교	
17	단독주택	35억 원	원빈	
18	빌딩	75억 원	이승철	
19	빌딩	70억 원	리쌍	공동 소유
20	다세대주택	50억 원	류승범	
21	빌딩	450억 원	(주)피에스그룹	박찬호
22	빌딩	75억 원	장우혁	
23	빌딩	80억 원	신승훈	
24	빌딩	95억 원	김지호	공동 소유
25	빌딩	65억 원	임하룡	
26	상가건물	65억 원	이정재	
27	빌딩	100억 원	박정수	
28	빌딩	920억 원	이수만	
29	상가건물	45억 원	심수봉	
30	단독주택	85억 원	최지우	
31	빌딩	140억 원	김태희	
32	빌딩	120억 원	김정은	
33	빌딩	150억 원	김남주	공동 소유
34	빌딩	130억 원	유인촌	
35	상가건물	60억 원	이문세	공동 소유
36	상가건물	75억 원	(주)수컴퍼니	권상우
37	상가건물	85억 원	한승연	
38	빌딩	100억 원	장근석	
39	다가구주택	35억 원	유진	공동 소유
40	상가건물	75억 원	장우혁	
41	빌딩	150억 원	최란	
42	빌딩	210억 원	차인표	공동 소유
43	빌딩	250억 원	이재룡	공동 소유
44	빌딩	400억 원	임세령	
45	빌딩	115억 원	손지창	공동 소유
46	대지	230억 원	김희애	
47	빌딩	150억 원	고소영	
48	상가건물	35억 원	보아	
49	빌딩	95억 원	이미연	
50	빌딩	100억 원	최지우	
51	상가건물	300억 원	가수 비	
52	빌딩	200억 원	(주)에스엠	공동 소유
53	빌딩	100억 원	(주)에이치비패밀리홀딩스	현빈

* 연예인 소유 빌라·아파트 제외(강남구에 빌딩을 가지고 있으며 강남에 거주하는 연예인은 45명)

의 본명인 전해림이었다. 개인 소유자 오모 씨가 하지원에게서 이 빌딩을 매입한 것은 지난 2012년. 매입가는 51억 원이었다. 그녀가 얻은 시세 차익은 17억 원이다.

아나운서 출신 방송인 강수정은 서초구 반포동의 지하 1층~지상 4층짜리 빌딩을 지난 2008년 28억 원에 사들였다. 공동 소유자는 남편인 김승범(매트 김) 씨였다. 강수정은 이 빌딩을 2015년 10월 전모 씨에게 35억 5000만 원에 팔아, 7억5000만 원의 시세 차익을 남겼다.

스타 셰프이자 외식 업체 대표, 탤런트 소유진의 남편으로도 유명한 백종원 더본코리아 대표도 부동산 재테크 고수로 알려졌다. 백 대표는 지난 2012년에 강남구 논현동의 지하 1층~지상 4층짜리 건물을 44억 원에 사들였다. 그는 이 건물을 매입 후 4년이 지난 2016년 5월에 74억3787만 원에 팔았다. 시세 차익이 30억 원을 훌쩍 넘는다. 백 대표는 지난 2014년 논현동의 지하 2층~지상 6층 빌딩도 130억 원에 추가 매입했다. 최근 이 빌딩은 매매가 174억 원에 거래가 이루어져 불과 2년 만에 44억 원의 시세 차익이 발생했다.

요식업 CEO들이 강남 빌딩 매입에 나선 이유

'먹방'을 넘어 '쿡방' 시대다. 예능 프로그램에서 스타 셰프들이 종횡무진하고, '요식 업계 미다스의 손' 백종원 대표 같은 이는 시대의 핫 아이콘으로 떠올랐다. 강남 부동산 시장에서도 요식 업계 출신들의 활약이 두드러진다. 대표적인 사람이 바로 '호식이두마리치킨'의 최호식 대표다.

최 대표는 IMF 외환 위기 직후인 1999년 회사를 창립했다. 그리고 창업 16년 만인 지난해 2월 강남구 논현동에 330억 원짜리 빌딩을 매입했다. 빌딩을 매입한 사실이 언론에 알려지면서 최 대표는 "치킨을 팔아 수백억대 강남 빌딩의 주인이 됐다"라는 말을 들으며 세간의 부러움을 한 몸에 받기도 했다. 지하 3층~지상 17층 규모인 이 빌딩(사진 14)의 3.3㎡(1평)당 가격은 약 2억5000만 원. 호식이두마리치킨은 저층부의 기존 상가는 그대로 둔 채 고층의 일부 층을 본사 사무실로 활용하고 있다. 본격적으로 수도권에서 체인 사업을 확장하고 해외 진출을 위한 발판으로 삼기 위해 해당 빌딩을 매입했다는 것이 업계 관계자의 설명이다.

강남 소재의 건물을 매입한 요식 업계 대표 주자는 또 있다. '죠스떡볶이'로 잘 알려진 나상균 대표다. 나 대표는 지난 2013년 강남구 논현동에 있는 시가 200억 원대의 빌딩(사진 15)을 매입해 이곳을 사옥으로 활용하고 있다. 지하철 신사역과 논현역, 신분당선과 가까운 곳에 위치한 트리플 역세권의 특급 입지다. 매입 당시 189억 원이던 이 건물의 현재 시세는 250억 원 선. 창업 당시 안암동 고려대학교 앞 23㎡(7평)짜리 임대 공간에서 시작한 것을 떠올리면 그야말로 감개무량할 만하다.

커피를 팔아 빌딩을 사들인 사람도 있다. 바로 '커피스미스'의 손태영 대표다. 손 대표는 지난 2008년 신사동 가로수길에 커피스미스 1호점을 오픈했고 2011년부터 본격적으로 프랜차이즈 사업을 시작했다. 그리고 드디어 2015년 4월 강남구 테헤란로에 지하 1층~지상 5층 규모의 빌딩을 매입했다. 1층은 커피스미스의 직영 매장으로 사용하고 4~5층은 본사 사무실로 활용 중이다.

위의 3가지 사례만 봐도 요식 업계 신흥 강자들의 공통점을 추릴 수 있다. 창업으로 성공한 뒤 프랜차이즈 사업을 시작하고, 사업이 일정 궤도에 오르면 강남에 사옥을 마련하는 수순이다. 이들에게 강남 빌딩 매입은 어떤 의미일까? 고생으로 일군 자산을 부동산에 투자함으로써 안정적으로 사업을 유지하고 더욱 확장하기 위한 전초기지로 삼겠다는 계산이 아닐까?

프랜차이즈 사업의 핵심은 가맹점주들을 얼마나 잘 모집하느냐에 달려 있다. 요식 업계 프랜차이즈 회사들이 '번듯한 본사 사옥'에 사활을 거는 이유도 이 때문이다. 사옥이 보잘것없으면 가맹점주 입장에서는 본사의 상황이 좋지 못하다고 생각하고 해당 프랜차이즈 점포를 내는 것을 꺼리게 된다.

또한 번듯한 회사 사옥은 본사 입장에서 일종의 자신감을 피력하는 것이다. 가맹점주들에게 '탄탄한 회사'라는 인상을 심어주고 미래를 향한 강한 의지를 보여주는 것이다. 실제로 '잘나가는 프랜차이즈 업체'의 본사 사옥은 대부분 강남 지역에 많다. 대출을 조금 끼고서라도 사옥을 마련하는 것은 부동산 투자를 통해 안정적으로 자산을 불려가고 가맹점주들에게도 좋은 인상을 심어주려는 의도라고 볼 수 있다.

PART 4

강남! 강남! 강남!

대한민국 부동산의 중심,
강남의 모든 것

01 큰 물고기가 다니는 곳에 그물을 쳐라

강남이라도 다 같은 강남이 아니다. 강남 안에서도 지역, 용도, 수익원별로 꼼꼼한 시장 조사를 거쳐야만 제대로 된 투자 수익과 시세 차익을 얻을 수 있다. 가장 먼저 신경 써야 할 것은 관리의 중요성이다. 운동선수 출신 방송인 S씨의 사례에서 보듯, 자기가 살고 있는 거주지에 가까이 자리한 빌딩이 1순위 투자처라는 건 기본이다. 집과 가까워야 오가는 길에 들러 관리하기 편하고, 오래전부터 익숙한 지역은 그만큼 자산 가치를 평가하기도 쉽기 때문이다. 이런 투자 방법을 잘 활용하는 사람들은 강남에 자리 잡은 오너 기업인들이다.

테헤란밸리나 강남대로 같은 간선도로 변에는 국내의 내로라하는 유명 기업들이 밀집해 있다. 그리고 이들 기업의 오너(CEO)들의 주거지 역시 강남에 있다. 이들은 살고 있는 집과 일하는 직장이 모두 강남에 있기 때문에 투자처도 강남을 벗어나려 하지 않는다. "출퇴근 동선 안에 있는 건물을 찾아달라"는 요청이 많은 이유다. 이들은 주로 회사가 자리한 간선도로의 이면이나 삼면 도로에 있는 빌딩을 사들이는 경우가 많다.

돈 많은 오너 기업인들이 강남을 벗어나지 않는 이유는 또 있다. 그만큼 좋은 물고기가 많이 지나다닌다는 것을 알기 때문이다. 일반적으로 부동산 분석은 앞으로의 개발 이슈와 교통망, 지역 특징 등을 종합적으로 판단해야 한다. 그런데 '내가 살고 있는 동네'라는 단순한 투자 동기만으로도 빛을 보기 쉬운 곳이 바로 강남이다. 회사가 여의도에 있고 집은 목동인 사람이 출퇴근 동선 안에서 좋은 물건을 찾는 건 쉬운 일이 아니다.

청담동, 논현동, 삼성동… 다 같은 강남이 아니다

같은 강남 지역이라 하더라도 지역(동)별 특징은 사뭇 다르다. 낚시를 잘하는 고수는 물고기가 좋아하는 미끼부터 찾는다. 예를 들어 붕어를 잡으려면 지렁이, 잉어는 새우, 가물치나 장어는 미꾸라지를 써서 잡아야 한다. 부동산 투자도 이와 같다. 투자 용도에 맞는 물건, 그리고 용도에 맞는 위치에 자리 잡은 물건을 매입해야 소기의 성과를 거둘 수 있다. 노래방이나 주점을 들일 계획을 세운 투자자가 주택이 밀집한 지역에 있는 빌딩을 사들인다면 어떻겠는가?

강남 지역을 개관하기 위한 손쉬운 방법 중 하나가 행정구역, 즉 동으로 구분하는 것이다. 같은 강남이라도 청담동과 논현동은 엄연히 다르다. 또 논현동, 역삼동(봉은사 인근)처럼 경사가 심한 지역이 있고, 삼성동처럼 거의 평지인 곳도 있다. 삼성동의 경우 경기고와 봉은사, 선릉 공원이 경사지를 많이 차지해 투자 목적의 땅은 대부분 평지에 있다.

또 논현동은 도시계획 자체에 작은 땅이 많았다. 면적이 작으니 소액 투자자들이 몰려 있다. 반포동과 논현동에 원룸이 많은 배경이다. 유흥업소 종사자가 많아 속칭 '선수촌'으로 불리는 원룸촌(사진 16 : 반포동 원룸촌, 사진 17 : 논현동 원룸촌)은 월세 수익을 주요 목적으로 하는 투자자들에

16

17

게 적합하다.

이에 반해 삼성동은 땅이 큰 편이다. 또 공항터미널과 코엑스 인근에는 무역 회사들이 많이 몰려 있어 일명 '국제 거리'라 불린다. 이런 지역에서는 기업이 사용하기에 알맞은 사옥용 건물에 투자해야 한다. 삼성동에 다가구주택이나 원룸 빌딩을 지어도 나중에 팔려고 하면 기존 건물을 허물고 새 건물을 짓겠다는 사람이 많다. 이럴 때는 아예 건물값을 못 받기도 한다. 지역 특성을 모른 채 투자했다가 낭패를 보는 사례다.

물고기가 좋아하는 미끼부터 알아야

기존 빌딩을 매입하겠다는 의뢰 못지않게 필자에게 많이 들어오는 컨설팅은 신축 건물 개발 의뢰이다. "땅(단독주택 등)을 가지고 있는데 여기에 어떤 용도의 건물을 지어야 할지 모르겠다"는 문의가 대부분이다. 그냥 팔자니 양도세가 너무 많아 억울하고 시세는 꾸준히 오르니 굳이 팔 필요도 없다. 이럴 바에는 땅 주인이 직접 개발에 나서는 게 낫다.

지역별 특성과 용도에 맞는 건물을 짓기 위해선 제일 먼저 시장 조사부터 들어가야 한다. 해당 지역에 임대 수요가 많은지, 또 빌딩을 매입하려는 수요자들이 어떤 용도의 건물을 원하는지 파악해야 한다. 분석이 끝나면 시장 조사 결과에 부합하는 용도의 건물을 지어야 한다.

컨설팅 과정에서 간혹 땅 주인과 갈등을 겪는 경우도 있다. 땅 주인이 자신이 좋아하는 업종이나 디자인만을 고려한 빌딩을 짓겠다고 하기 때문이다. 그러나 지역별 특성을 고려하지 않은 이런 건물은 공실이 지속될 확률이 높다. 공간 평수, 테라스 유무, 층고에 이르기까지 수요자의 눈높이를 철저히 따져야 하는데, 단순히 건물주의 취향에 맞는 디자인의 건물을 짓는다면 원하는 수익을 얻기 어렵다. 원룸촌에 사무실을 짓는다면 임대가 쉽게 나갈까? 빌딩을 신축할 때 100% 자기 돈으로만 짓는 경우는 거의 없다. 대부분 은행에서 대출을 받는데, 이 말은 곧 매달 이자를 물어야 한다는 뜻이다. 그런데 공실이 생긴다고 생각해보자. 애꿎은 이자만 생돈으로 나가는 것이다. 때로 이자를 감당하지 못해 건물을 담보로 추가 대출까지 받는 웃지 못할 일이 벌어지기도 한다. 자신이 잡으려는 물고기가 좋아하는 미끼가 무엇인지부터 파악해야 한다.

02 강남 3구, 어디까지 가봤니?

'강남'의 사전적 의미는 강 아래 지역, 서울에서는 한강 이남을 말한다. 그런데 서울 사람들이 흔히 말하는 강남은 결코 사전적 의미의 강남이 아니다. 강남구 · 서초구 · 송파구 3구여야만 비로소 강남 대접을 받는다.

좀 더 자세히 들여다보자. 강남 3구도 구별로 특징이 서로 다르다. 일반적으로 빌딩 거래율이 가장 높은 곳은 강남구이다. 그다음이 서초구, 송파구 순이다. 한남대교에서 시작해 양재역까지 죽 이어진 큰 길이 강남대로이다. 그리고 한남대교를 등지고 섰을 때 오른쪽이 서초구, 왼쪽은 강남구로 이해하면 쉽다.

가치 평가를 기준으로 좀 더 구체적으로 살펴보자. 신사역에서 시작해 강남역까지 이어지는 구간에서는 오른쪽 땅은 서초구이다. 그런데 해당 지역은 강남구 못지않게 부동산의 자산 가치가 높게 평가받는 곳이다. 반면 강남역부터 양재역까지 이어지는 거리에서는 왼쪽인 강남구의 가치 평가가 월등히 높다. 이 같은 분석이 무얼 의미하는 걸까? 일반적인 자치구만으로 따졌을 때는 강남 3구 중 강남구가 메인스트림(mainstream)을 차지

강남 3구 부동산의 자산 가치

지도 출처 : Daum 지도

하지만, 신사역에서 강남역 사이의 구간에선 오히려 서초구 부동산의 투자 가치가 더 높다는 뜻이다. 강남의 이런 사정을 잘 모르는 투자자는 무조건 강남구만을 투자 1순위로 치기 쉽다.

더블 역세권인 교대역 부근의 발전이 더딘 이유

좀 더 세밀한 팁도 있다. 신사역에서 강남역까지의 구간에 속하는 서초구 일지라도 경부고속도로의 오른편 블록의 가치는 잠실만도 못하다. 교대역, 서초역, 방배역, 내방역, 이수역 등이 자리한 구역이다. 서초역만 해도 대형 교회, 법원, 검찰청, 지방법원 등이 북쪽 블록을 몽땅 차지하고 있다. 요지를 차지하고 앉아 있는 공공기관 탓에 상업적 가치가 다 죽었다는 게 전문가들의 분석이다.

교대역을 보자. 2호선과 3호선이 만나는 더블 역세권이다. 웬만해선 망하는 일이 없다는 황금의 더블 역세권. 그런데 무슨 까닭인지 수십 년이 지나도 별다른 발전이 없다. 이유가 뭘까? 역시 법원 때문이다. 서울교육

대학교도 발전을 더디게 하는 요소이긴 마찬가지다. 남부터미널역은 전국 여기저기서 몰려드는 뜨내기들이 지나치는 역이다. 따라서 교대역 인근보다는 잠실의 신천역이나 제2롯데월드 인근의 방이동, 위례신도시 등의 투자 가치가 더 높다.

필자 나름대로의 이런 분석은 매매 거래율 통계를 내봐도 확인할 수 있다. 가격이 잘 올라 팔려는 사람이 많고, 미래 가치를 보고 사려는 사람이 많은 곳일수록 매매 거래율도 높은 법이다. 그렇지 않은 지역은 매매는커녕 중개하기도 어렵다. 바꿔 말하면 그만큼 수요가 적다는 뜻이다. 재판을 받으러 가서 밥 사 먹고 술 마시는 사람이 몇이나 될까? 발전에 한계가 있을 수밖에 없다. 더욱이 법원은 정확히 '주5일 근무제'를 지키는 곳이다.

서초구는 강남 3구 중 인근 지역의 영향을 가장 많이 받는 곳이기도 하다. 사당동 길을 넘으면 나오는 곳이 신림동, 동작동, 봉천동 등이다. 근접한 동의 부동산 가치가 떨어지면 해당 지역도 적게나마 영향을 받을 수밖에 없다. 또 사당역에서 서울대 방향으로 가려면 산을 넘어야 하고, 이수교차로에서 낙성대 방면으로 가려고 해도 마찬가지다. 평지로 연결되지 않는다는 것, 이는 곧 상권이 막혀 있다는 뜻이다. 그런데 강남구와 송파구는 대부분의 도로가 일직선으로 연결돼 있다. 서초구는 고불고불하고 막힌 길이 많다 보니 교통 체증도 심한 편이다. 이에 비해 강남구는 땅 모양이 시루떡을 잘라놓은 것처럼 사각형인 곳이 많아 개발하기도 쉽다.

가지고 있는 여유 자금이 적은데 강남 지역에 투자를 계획 중이라면 서초구도 생각해볼 수 있다. 그러나 발전 가능성과 가격 상승률이 다른 구에 비해 상대적으로 낮으니 중·장기 투자를 고려해야 한다. 최고의 거래율과 가격 상승률을 자랑하는 곳은 역시 강남구다.

03 강남 부동산 개발의 역사, 이렇게 바뀌었다

1998~2001년 : 다가구 · 다세대주택 전성시대

IMF 외환 위기로 대한민국의 자산 시장이 쑥대밭으로 변했지만 오히려 강남에서는 본격적인 부동산 개발 붐이 일며 '나 홀로 호황'을 누리기 시작했다. 당시 강남 지역의 공사 현장은 열에 아홉이 다가구주택이나 다세대주택이었다. 이런 부지의 땅값은 3.3㎡(1평)당 500만~700만 원 수준이었다. 북측 도로를 끼고 있는 코너 건물들은 일조권의 영향을 덜 받아 조금 더 높은 건물을 지을 수 있었기 때문에 3.3㎡(1평)당 700만 원까지 나갔다.

현재 강남에 있는 다가구 · 다세대주택이 대부분 이 시기에 지어진 건물이다. 스스로 땅을 사서 지은 전문 건축업자도 있고 가지고 있던 땅에 지은 사람도 있었다. 이 시기의 금리는 지금과 비교할 수도 없는 수준이었다. 은행 금리 12%, 제2금융권은 24%까지 쳐주는 곳이 많았다. 은행에서 돈 빌리기가 그만큼 어려웠다는 뜻이다. 그런데 월세는 요즘 수준과 거의 같아서 보증금 1000만 원에 100만 원 정도였다. IMF 외환 위기 때도 강남의 다가구 · 다세대주택의 월세는 떨어지지 않았다. 2016년 현재와 비교해

봐도 당시의 월세 수준이 엄청났던 것을 알 수 있다.

이 시기에 3.3㎡(1평)당 500만~700만 원 했던 땅이 현재 4000만~5000만 원에 달한다. 하지만 임대료는 비슷한 수준이니 수지 타산을 맞추기가 쉽지 않아졌다. 강남 지역에 더 이상 다세대·다가구주택을 짓지 않는 이유다. 2005~2007년까지 막차를 탄 이들도 있었는데, 이들은 3.3㎡(1평)당 2000만~2500만 원에 땅을 사들였다.

2002~2007년 : 불붙기 시작한 빌딩&시행용지 매매(주상복합 · 오피스텔)

부동산은 일반적으로 5년 주기로 불황과 호황이 반복되므로 그에 맞게 투자해야 한다는 게 필자가 오랜 경험으로 얻은 노하우다. 이는 공교롭게도 5년 단임제인 한국의 대통령제와 궤를 같이한다. IMF 외환 위기가 터진 김대중 대통령 때는 사상 최악의 불황이었다. 이전 김영삼 정권 때는 비교적 호황이었다. 노무현 대통령 때는 초반 2~3년까지는 김대중 정부의 경기 부양책의 효과로 호경기가 이어졌다. 그런데 종합부동산세 등 본격적인 부동산 규제가 시작되었고, 이명박 정부가 들어선 2007년에는 글로벌 금융 위기까지 닥쳤다. 그나마 이명박 대통령이 부동산 살리기에 나서면서 임기 후반 2년을 남기고 사정이 나아졌다. 최근 부동산 경기가 이나마 유지되는 것도 당시의 정책 때문이다. 국내 정치 상황에 따라, 즉 대통령의 임기에 따라 온탕과 냉탕을 오가는 것이 대한민국 부동산 경기의 현주소다. 일반적으로 정책이 적용돼 시장에서 효과를 보려면 2~3년은 걸리게 마련이다.

한일 월드컵이 한창이던 2002년부터 2007년까지의 5년간은 대형 부동산 개발 사업을 위한 시행용지 투자 붐이 강남 지역을 강타했다. 시행사가 대형 개발을 위해 땅을 사들이고, 공사는 시공사에 맡기는 식이다. 땅값의

10%만 계약금으로 걸면 나머지 90%는 금융권의 프로젝트 파이낸싱(PF)을 통해 얼마든지 융통할 수 있었다. 땅값이 100억 원에 이른다 할지라도 자신이 가진 돈이 10억 원만 있으면 얼마든지 대형 개발에 뛰어들 수 있었다는 뜻이다.

대한민국은 전 세계에서 유일하게 사전 분양이 가능한 나라다. 그러니 공사를 마치기도 전에 분양 계약금이 들어올 수 있었다. 여기서 일부 마진을 시행사가 가져가고, PF 이자도 주고, 시공사 계약금도 주며 실제 사업 개발에 착수할 수 있었던 것이다. 만약 사후 분양만 가능했다면 이러한 개발 방식은 통할 수 없었을 테고, 국내의 시행사란 시행사는 모조리 망했을 것이다. 땅값의 10%만 있으면 사업이 가능하니 대형 개발에 나선 시행사들이 엄청나게 많았던 때가 바로 이 시기다. 그러나 너도나도 대형 주상복합 빌딩 등의 시행용지를 사들여 개발에 나서다 보니 미분양이 속출하는 부작용을 가져왔다.

2003년 용산의 시티파크 분양이 대박을 터뜨린 것이 이러한 미분양 부작용을 일시에 해결해준 호재였다. 마치 나비효과처럼 강남의 미분양 상황을 해결해준 것이다. 용산 시티파크는 개발 면적 자체가 매우 컸고 분양 전략, 입지 등이 모두 좋아 처음부터 도곡동 타워팰리스에 준하는 주상복합 빌딩으로 주목을 받았다.

투자자들이 대거 몰린 것은 당연했다. 그러니 떨어진 사람도 얼마나 많았겠나. 이들이 다시 강남으로 몰린 것이다. 강남 지역 미분양 사태가 완판으로 돌아선 결정적인 계기였다. 그러자 너도나도 강남 지역 시행용지 개발에 다시 뛰어들기 시작했다.

서초동 '법조 타운' 성공 이끈 분양 전략

18

웬만한 곳에 더 이상 지을 땅이 없으니 교대역 인근까지 시행용지 개발의 타깃이 됐다. 당시 강남 지역의 업자들 사이에선 무조건 실패할 거란 예상이 다수였다. 그런데 결과적으로 교대역 인근의 오피스텔 분양은 대성공으로 막을 내렸다. 종전에 없던 분양 전략이 대박을 터뜨렸기 때문이다.

본래 교대역 인근에서는 건물 1채를 1명의 주인이 소유한 경우가 대부분이었다. 그런데 새로 신축한 시행 빌딩(사진 18)은 이런 관례를 깨고 호수별 분양에 나섰다. 주요 고객은 변호사들이었다. 15층짜리 신축 건물에 엘리베이터도 많고, 주차장도 넓은 빌딩. 이런 빌딩의 한 층에 10실의 오피스텔을 만들어 분양에 나서니 당장 변호사들 사이에서 난리가 났다. 분양 대박이었다. 오늘날 서초동 '법조 타운'이 자리 잡은 숨은 배경이다.

주상복합 시행용지는 모두 '상업지역'에 있으므로 지역에 따라 다르지만 일반적으로 용적률이 800%까지 나온다. 전형적인 15층 건물 부지다. '준주거지역'의 용적률은 400%, '제3종 일반주거지역'은 250%, '제2종 일반주거지역'은 200% 순이다. 200%면 대개 4층 빌딩밖에 못 짓는다. 좁은 땅에 될 수 있는 한 높이 짓는 것이 빌딩 재테크의 기본 원칙이다. 면적이 좁을수록 그만큼 매매가도 낮아지기 때문이다. 교대역 인근은 상업지역이니 용적률이 800%까지 나왔다.

압구정동 일대에 '성형 타운'이 자리 잡은 배경도 서초동 법조 타운의 예와 비슷하다. 시행 전략의 성공이었다. 필자의 첫 번째 사무실이 자리 잡은 압구정역 인근 M빌딩의 사례가 대표적이다. 이 건물은 애초부터 성형외과 · 피부과 의사들을 타깃으로 분양에 나섰다. 개업을 앞둔 레지던트들에게 분양 안내 우편물을 발송하는 것이 시작이었다.

당시만 해도 대부분의 병원이 건물주가 따로 있는 빌딩에 임대로 들어가 있었다. '땅 가진 놈이 왕'이라고 건물주들의 횡포가 심각했다. 지금은 일반화된 층별, 호수별 분양 방식이 당시에는 없었다. M빌딩은 건물주의 횡포에 속앓이 하던 의사들에게는 해방구와 같았다. 그렇게 M빌딩이 분양 대박을 터뜨리자 온갖 시행사들이 비슷한 분양 전략을 펴기 시작했고 이제는 통상적인 방식으로 자리 잡았다.

시행용지 개발 붐이 끝난 건 강남 지역의 땅값이 치솟았기 때문이다. 시행용지 개발의 사업 분석은 땅값, 공사비, 공사 기간의 PF 이자, 분양 대행업체 마진, 마지막으로 시행사 마진 등이 합쳐져 이뤄진다. 시행사, 분양회사, 시공사, 마지막으로 돈을 빌려준 은행까지 4자의 협력체제로 이뤄지는 개발이기 때문에 사업으로 인한 이익도 4자가 골고루 나눠 갖게 돼 있다. 그런데 공사비나 은행 이자 등은 대개 예상이 가능한 데 비해 땅값은 그렇지 못하다.

시행용지 개발 붐이 일자 사업성 분석을 위한 프로그램이 만들어져, 결정적 변수인 땅값만 입력하면 예상 수익을 손쉽게 뽑아볼 수 있게 됐다. 그런데 땅값이 높아져만 가니 개발을 한다 해도 오히려 적자를 보는 경우가 늘어갔다. 그렇다고 분양가를 무한정 높일 수도 없는 노릇이었다. 시행사 주도의 강남 지역 주상복합 개발이 더 이상 진행되지 않고 멈춘 이유다. 대신 땅 주인이 직접 신축하는 경우는 요즘에도 간혹 찾아볼 수 있다.

시행용지 개발 붐이 일자 20㎡(6평) 사무실에 여직원 1명만 달랑 있는 시행사가 우후죽순처럼 생겨났다. 가진 돈도 없이 땅이나 보러 다니던 사람들이 이런 방식으로 떼돈을 벌었던 게 2000년대 초·중반의 강남이었다. 이들은 부동산 업자나 건설사 출신이 대부분이었다.

2008~2016년 현재 : 신축용지&리모델링 시대

시행용지 개발에 뛰어들어 재미를 본 이들은 요즘 뭘 하고 있을까? 한때의 영광을 뒤로하고 벌어놓은 돈으로 유유자적하고 있을까? 물론 아니다. 2008년의 금융 위기가 잠잠해지자 이들 중 대부분은 빌딩을 지어 파는 전문 업자로 변신했다. 호수별 분양이 아닌 통으로, 즉 턴키 방식의 빌딩 판매에 나선 것이다. 기존 시행용지 개발 방식으로는 분양가와 땅값이 맞지 않으니 빌딩을 지어 통으로 매매하기 시작했다. 이는 강남이라는 지역적 특색과 큰손 투자자들이 있었기에 가능한 변신(사진 19 : 신축 전·사진 20 : 신축 후, 사진 21 : 신축 전·사진 22 : 신축 후)이었다. 유례없는 저금리도 대출을 활용한 빌딩 신축 붐에 큰 몫을 하고 있다.

새 건물을 짓는 신축보다 유리한 방식도 있다. 바로 리모델링(사진 23 : 리모델링 전·사진 24 : 리모델링 후)이다. 신축의 경우 과거에 비해 강화된 건축법 규제 때문에 주차대수 등 까다로운 요건이 많이 늘었다. 하지만 리모델링은 해당 빌딩이 지어진 당시의 건축법을 적용받는다. 또한 신축은 여러 제한에 맞추다 보면 현재의 건물보다 면적 등 규모가 줄어들 수밖에 없다. 당연히 공사비도 많이 들어간다. 이에 비해 리모델링은 통상 신축에 들이는 비용의 30%면 충분하다. 10억 원을 들여 면적이 줄어든 건물을 새로 지을까, 아니면 3억 원을 들여 면적이 더 큰 건물로 꾸밀까의 차이다.

신축은 시공 기간도 길다. 리모델링은 공사 기간을 줄일 수 있기 때문에 그만큼 임대도 빨리 들일 수 있다. 요사이 리모델링이 인기인 이유다. 실제로 강남의 업자들 중에는 리모델링용 빌딩만 찾아다니는 사람들이 있을 정도다.

새로 건물을 올리든, 기존 건물을 리모델링하든 반드시 유의해야 할 점이 전문 업자 선정이다. 쉽게 말해 리모델링 전문 업체에 신축 공사를 맡기면 안 된다는 뜻이다. 반대의 경우도 마찬가지다. 신축과 리모델링은 공사 진행 속도나 업무 방식 등이 전혀 다른 별개의 사업이다. 정형외과 의사 중에도 팔꿈치, 허리, 무릎, 어깨 등 분야별 전문의가 있는 것과 같다. 실제로 아는 사람의 소개로 건물 신축에 나섰다가 후회하는 경우가 적지 않다. 현재 강남에서는 신축과 리모델링 트렌드가 계속 이어지고 있다. 최근에는 전문 업자들뿐 아니라 개인 투자자들까지 뛰어들고 있을 정도다.

04 강남 상권, 이곳이 핵심이다

빌딩을 매입하는 사람들은 대부분 자기만의 취향이 있다. 병원, 일반 사무실, 상가, 변호사 사무실, 원룸(다가구주택) 등 투자 목적과 방법이 제각각이다. 예를 들어 의류 사업이면 가로수길이나 청담동을 선호하게 마련이다. 장사를 해서 돈을 번 사람들은 식당, 노래방, 호프집 등이 들어선 건물과 지역을 선호한다. 따라서 강남 빌딩에 투자하기 위해서는 어떤 지역에 어떤 업종이 자리 잡고 있는지 개관하는 것이 중요하다. 강남의 대표 상권을 안내한다.

문화의 거리 : 가로수길

어느 지역이든 땅값이 오르려면 세입자들이 먼저 해당 지역에 자리를 잡아야 한다. 건물주 혼자 빌딩을 사서 해당 지역의 상권을 띄울 수는 없는 노릇이다. 세입자들이 자리 잡아가면서 상권이 형성된 전형적인 예가 신사동 가로수길(사진 25)이다. 하나둘씩 요식업소가 들어서고 이들이 먹자골목을 형성하면서 젊은이들이 몰리기 시작한 것이다. 특히 최근 들어서는 외

국인 관광객까지 몰려들면서 상권의 부동산 가치가 치솟고 있다.

가로수길은 지난 2002년부터 서서히 상가 세입자들이 자리 잡기 시작했다. 거리 이름에서 알 수 있듯 원래는 그저 가로수가 많은 길이었다. 저녁 7시가 넘어가면 아름드리 가로수에 가로등 불빛이 가려지는 바람에 불빛도 적은 음침한 지역이 바로 가로수길이었다. 이곳에 있던 M산부인과는 조용한 주변 환경 덕에 강남에 사는 산모들에게 인기가 있을 정도였다. 지금은? 물론 M산부인과는 다른 곳으로 이전했다. 밤에 시끄러워 산모들이 잠을 잘 수 없기 때문이었다. 이 밖에도 예전에는 화랑이나 액자 가게로 특화된 거리여서 1년에 한 번씩 '차 없는 거리' 행사가 열리고는 했다.

밤이면 어두워 음침하던 가로수길의 변신

2002년 당시 가로수길의 땅값은 후하게 쳐줘야 3.3㎡(1평)당 1000만 원 수준이었다. 지금은 2016년 7월 기준으로 3.3㎡(1평)당 2억2000만~2억5000만 원이다. 땅값이 치솟자 임대료도 함께 폭등했는데, 세입자들이 감당할 수 있는 수준을 넘어 상상을 초월하는 금액으로 올랐다. 1~2층 상가 보증금 5000만 원, 월세 420만 원에 들어온 임차인이 2016년 현재 보증금 10억 원, 월세 5000만 원을 내야 한다. 새로 들어올 세입자가 기존 세입자에게 물어야 할 권리금은 12억 원에 달한다. 사정이 이렇다 보니 요즘 가로수길은 대기업들의 안테나숍 천지로 변했다. 이처럼 변신한 것은 2009

년 무렵부터다.

장사에 어느 정도 이골이 난 사람이라면 웬만한 상권도 볼 줄 안다. 반면 이제 막 사업을 시작한 초보자들은 장사하는 동네의 임대료가 어느 정도 수준인지, 자신이 얼마를 내야 하는지 감을 잡기 어렵다. 이에 비해 경험이 풍부한 사람들은 임대료를 얼마나 내야 적당한 마진을 남길 수 있는지 계산할 줄 안다. 바로 이런 사람들이 움직이면서 동네 상권을 형성하는 것이다. 여기에 초보자가 하나둘씩 가세하면 비로소 큰 상권이 형성된다. 초창기 가로수길에는 강남 지역의 기존 상권이었던 압구정동 로데오길에서 온 사람들과 이태원, 홍대 거리 등에서 온 장사꾼이 많았다.

가로수길에 눈에 띄는 가게가 하나둘 들어서던 2002년 무렵, 강남에선 또 다른 상권이 이제 막 기지개를 펴고 있었다. 타워팰리스 인근의 양재천길 상권이다. 당시 강남에서는 어중이떠중이가 몰려드는 먹자골목이 아닌 고급스러운 상권에 대한 수요가 컸다. 부동산 전문가들 사이에서도 가로수길과 양재천길 중 어느 지역이 대형 상권으로 커갈지 전망이 엇갈렸지만 열에 여덟아홉은 양재천길을 선택했다. 지금도 이 지역은 도로를 따라 건물 1층에 고급스러운 커피숍과 레스토랑이 죽 이어져 있는데, 가로수길만큼 초대형 상권으로 발달하지는 못했다.

자타 공인 부동산 전문가들이 왜 가로수길이 아닌 양재천길을 선택했을까? 대한민국에서 가장 돈 많은 사람들이 사는 동네가 타워팰리스 인근이라는 근시안적 사고에 머물렀기 때문이다. 필자는 당시 많은 전문가가 '반짝세'에 그칠 것이라 예상한 가로수길을 발전 가능성이 큰 곳이라 예상했다. 이유는 단 하나다. 상권의 '배후' 때문이었다.

배후는 정치권에서만 쓰는 말이 아니다. 어떤 상업지역이든 대형 상권으로 발달하려면 반드시 '배후 세력'이 있어야 한다. 상권 주변에 주택가와 오피스가가 함께 자리해야 한다는 뜻이다. 그래야만 평일과 주말에 골고루 소비할 수 있다. 가로수길이 바로 그랬다. 이에 비해 양재천길은 타워팰리스에 사는 사람들의 산책길이었다. 도로 앞은 양재천으로 막혀 있고, 설상가상으로 턱도 높아 양재천을 바라보는 조망도 좋지 않다. 배후라고는 주상복합 아파트를 제외하고는 없는 곳이 바로 양재천길이다. 물론 길 자체로는 가로수길에 비할 바 없이 예쁜 게 사실이다.

주택, 사무실, 병원 등 '배후' 든든한 가로수길

대부분의 전문가가 외면했던 가로수길은 이제 도로 이면에 '세로수길'이 들어설 정도로 상권이 커졌다. 이런 배경에는 빌딩 주인들의 노력도 한몫했다. 상권 활성화를 위해 건물주연합을 결성했고, 구청에 진정을 넣어 어두운 인도 군데군데에 조명도 설치했다. 일방통행 도로를 만들려던 구청에 민원을 넣어 양방향 도로를 만든 것도 건물주들의 노력 덕분이었다.

이들이 반면교사로 삼은 것은 압구정동 로데오길이었다. 로데오길은 본래 양방향 도로였다가 일방통행 도로로 바뀌었는데 그러면서 상권도 완전히 죽어버렸다. 2000년대 초·중반 잘 나가던 시기에 비하면 지금은 처참한 수준이다. 땅값이 치솟으면서 임대료도 동반 상승했지만, 상권이 시들기 시작하자 세입자들도 빠져나갔다. 예전 같으면 상상할 수도 없는 공실이 생기기 시작한 것이다. 이에 비해 가로수길은 배후에 주택은 물론 사무실과 병원이 골고루 밀집해 있다. 2016년 현재 세로수길의 땅값 또한 3.3㎡(1평)당 1억~1억2000만 원까지 올랐다.

가로수길이라고 영원히 호황일 수는 없다. 어떤 상권이든 흥망이 공존한다. 요즘 들어서는 거품이 끼었다는 진단도 종종 나온다. 필자의 생각도 그렇다. 가로수길 메인 상권에서 현재의 임대료를 물며 장사해 이익을 남길 수 있는 세입자는 거의 없다. 그러니 대기업의 안테나숍 위주로 상권이 재정비되기 시작한 것이다. 가로수길의 땅값은 현재 상한선까지 왔다고 봐야 한다. 즉 더 이상 시세 차익을 남기기 어렵다는 뜻이다.

처음 가로수길에 자리 잡은 상인들은 세로수길로 밀려났다가 이제는 그마저도 성수동이나 이태원 경리단길, 상수역과 같은 외곽으로 다시 빠지는 중이다. 정작 열심히 장사하며 상권을 키워온 주인공들이 밀려나는 모습이 안타까울 뿐이다. 어떤 가게든 오픈하자마자 대박을 맞는 곳은 드물다. 하물며 애초에 상권이 형성되지도 않은 곳이야 말해 무엇할까.

가로수길 개발에 얽힌 투자 컨설팅 사례가 떠오른다. 지난 2002년 무렵 "강남에서 앞으로 뜰 만한 곳 좀 소개해달라"며 한 여성 고객이 찾아왔다. 필자가 당시 소개해준 곳이 바로 가로수길이었다. 매물은 매매가 5억 4000만 원에 나온 단독주택이었다. 그날 밤 그 고객의 남편에게서 전화가 걸려왔다. "당신이 가로수길을 소개해준 사람이냐? 어디서 돼먹지 못한 사기질을 치려 드느냐?" 하며 한바탕 소리를 지르는 게 아닌가. "저녁 7시에 현장에 가봤는데 무서워서 차에서 내리지도 못했다"라며 실컷 욕만 하고는 전화를 끊었다. 나중에 들은 이야기지만 그 여성 고객 역시 "밖에서 어떻게 처신하고 다니기에 그런 사기꾼 업자가 그따위 물건을 추천할 만큼 우습게 보느냐"라는 말을 들으며 남편에게 혼찌검이 났다고 한다.

인연을 만나지 못한 건물에 결국 새 임자가 나타났다. 가로수길 인근 미성아파트에 살던 50대 후반의 부부였다. "앞으로 이 지역이 뜹니다. 화랑이 없어지고 상권이 바뀔 겁니다"라고 2시간 가까이 부인에게 이야기한 끝에 남편과 함께 계약서를 쓰기로 했다. 부부는 아예 아들 명의로 은행에서 4억 원을 대출 받아 해당 단독주택을 사들였다. 살고 있는 집과 가까운 곳에 다가구주택이나 지어 아들 명의로 하려던 참이었다. 아들이 결혼한 후

한 층에 들어가 살면 되고 나머지 층은 세를 놓아 임대 수익을 얻을 수 있으면 족하다는 계산이었다.

지금도 이 단독주택은 가로수길에 그대로 남아 있다. 임대료 시세가 올라가니 “조금만 더 있다 지어야지, 지어야지” 하다가 여태껏 그대로인 것이다. 현재 이 집에는 외국계 기업이 임대로 들어와 보증금 5억 원에 월세 5000만 원을 내고 프랜차이즈 매장으로 활용하고 있다. 필자를 사기꾼이라며 욕했던 남자는 요즘 가로수길을 보며 어떤 생각이 들지 궁금하다.

명품의 거리 : 청담동

압구정로데오역 사거리에서 출발해 학동사거리를 지나 청담사거리, 다시 압구정로데오역까지 이어지는 삼각형 모양의 구역은 전 세계에서 내로라하는 명품이란 명품이 다 모여 있는 곳이다. 인근 부동산 전문가들 사이에서 일명 ‘청담 아일랜드’라고 불리는 명품 거리(사진 26)이다. 최근에는 이건희 회장을 비롯해 홍라희 삼성미술관 리움 관장, 정용진 신세계 부회장, 임세령 대상 상무 등 범삼성가 사람들과 삼성생명, 제일모직에서 눈독을

들이며 사들이고 있는 지역이기도 하다.

청담동 명품 거리에는 의류 기업의 본사, 고급 미용실, 럭셔리한 음식점이 즐비하다. 동대문에 있는 생산·제작 하청 업체로 출발하기 위해 편의점 앞마다 진을 치고 있는 퀵서비스 오토바이들도 이 지역을 상징하는 진풍경이다.

의류 회사라고 해서 모두 청담동 명품 거리를 품을 수 있는 건 아니다. 대개 단가가 높은 명품 브랜드들이 사옥을 지어 입점하거나 국내에서 가장 높은 수준의 임대료를 물어가며 입점해 있다. 들어가고 싶어도 못 들어가는 특수 구역이다 보니 애당초 공실이란 게 존재하지 않는 것도 특징이다. 청담 아일랜드 안에는 최고급 식당 몇 곳 외에는 변변한 식당도 없다. 점심이라도 먹으려면 건너편 구역으로 건너가야 한다. 최고 인기 아이돌 그룹의 멤버 S씨가 최근 주점을 낸 것이 매우 예외적인 사례이다.

흔히 "삼성이 하는 대로 따라가면 망할 일은 없다"라고 말한다. 그러니 삼성가에서 왜 청담 아일랜드를 눈독 들이며 사들이는지 궁금해질 수밖에 없다. 이 지역을 아시아 최고의 명품 특화 쇼핑구로 조성한 뒤 명품 브랜드들을 독점 유치하는 것이 삼성의 숨은 의도라는 게 필자의 판단이다. 우리나라를 찾는 외국인 관광객들은 대부분 명동에 들러 쇼핑을 한다. 청담 아일랜드는 이미 제2의 명동으로 명성을 얻고 있다. 삼성가가 임대가 아닌 자기 건물로 사들이는 이유다.

청담 아일랜드는 연예기획사들이 밀집해 있어 '한류 거리'라고도 불린다. 얼마 전에는 해외 명품 브랜드인 샤넬이 700억 원을 들여 빌딩을 매입해 화제가 되기도 했다. 청담사거리에서 압구정로데오역으로 가는 라인의 땅값은 3.3㎡(1평)당 3억5000만 원에 달한다. 이 정도 가격을 아무렇지 않게 지불하고 들어올 수 있는 기업이 얼마나 될까? 심지어 매물 찾기도 어려운 곳이 바로 청담 아일랜드다. 시세라는 것도 없고 부르는 게 값인 구역, 그야말로 대한민국의 요지경 섬이다.

골프의 거리 : 도곡로(뱅뱅사거리)

뱅뱅사거리에서 도곡사거리까지를 일명 '도곡동 골프 로데오 거리'(사진 27)라 부른다. 이 구역에는 거의 모든 브랜드의 골프용품 회사가 즐비하다. 골프 로데오 거리에 가장 먼저 발을 디딘 기업은 국내 기업인 '잔디로'로, 직접 땅을 사들인 후 매장을 열었다. 일반적으로 국내 브랜드가 먼저 자리 잡으면 외국 브랜드가 들어오기 쉽지 않은데, 2001년 이후에는 전 세계의 다양한 브랜드가 앞다퉈 자리를 잡기 시작했다.

땅값 상승을 원하는 투자자라면 골프 로데오 거리가 그리 만만한 지역은 아니다. 연 5% 미만의 상승률에 그치기 때문이다. 양재역이나 강남역과도 거리가 꽤 멀어 어중간한 입지이고 배후에 주택도 별로 없다. 골프 관련 사업이나 매장을 운영하려는 이들에게만 유망한 구역이라 할 수 있다.

27

보드·스키의 거리 : 논현로(차병원사거리)

9호선 언주역에서 학동역 방향으로 가는 길은 '보드·스키의 거리'로 관련 회사들이 다수 입점해 있다. 그런데 땅값 상승은 뱅뱅사거리보다도 못하다. 지하철역은 가깝지만 경사가 심한 것이 결정적인 이유다. 경사진 고갯

길을 걸어 올라가기 좋아하는 사람은 아무도 없다. 자동차 주차도 불편하긴 마찬가지다.

스키나 보드는 주로 겨울 한철 장사이고 한 번 사면 오래 쓰는 상품이기도 하다. 즉 골목이 아닌 대로변으로 가야 하는 상품이란 뜻이다. 땅값이 저렴하면 임대료도 저렴해지기 마련이다. 이런 수요로 하나둘씩 상점이 몰리다 보니 전문 상권이 형성되었다. 세입자 입장에서는 임대료가 저렴하니 좋지만 땅 주인 입장에서는 그리 탐탁하지 않을 것이다. 주변에 주택(아파트)도 없고 교통 체증도 심하다. 보통 차가 막히면 주변을 자세히 쳐다보게 마련이다. 인근에 가수 S씨의 건물이 있는데, 시세가 230억 원에 달한다. 근처에서 보기 어려운 전철역 앞 평지에 자리한 덕분이다.

쇼핑의 거리 : 압구정 로데오 거리

강남을 상징하는 대표 상권이지만 솔직히 현재 상태는 처참할 지경이다. 2005년까지만 해도 3.3㎡(1평)당 1억 원에 달했는데, 11년이 지난 지금도 거의 비슷한 수준에 멈춰 있다. 오히려 공실이 없는 게 다행일 정도다.

압구정 로데오 거리가 지금처럼 망가진 건 일방통행 도로로 바뀌면서부터다. 지하철역(압구정로데오역)이 들어선 것은 '확인 사살' 격이었다. 일반적인 경우라면 역세권이 됐는데 상권이 죽었다는 분석이 쉽게 와 닿지 않을 것이다. 지하철이 들어오기 전만 해도 이 지역은 '애들이 없는' 상권이었다. 승용차가 없는 사람은 찾아오기 어려운 '그들만의' 구역이었다는 뜻이다. 국내 백화점 중 지하철역과 연계되지 않은 유일한 백화점이 압구정동 갤러리아백화점이었다. 압구정역 현대백화점만 해도 역세권이다.

지하철역이 들어서기 전만 해도 압구정 로데오 거리는 이 동네를 찾는 연예인이나 대기업 오너 같은 부자들이 스테이크를 먹고 차 한 잔 마시며

편안하게 프라이버시를 지킬 수 있는 지역이었다. 그런데 지하철역 건설을 위해 땅을 파면서 사방이 시끄러워졌고 설상가상으로 도로마저 일방통행 도로로 바뀌면서 세입자로 들어와 있던 상인들이 하나둘 탈출하기 시작했다. 지하철이 개통되자 20대 초반, 심지어 교복을 입은 어린 학생들이 거리를 누비게 되었다. 당연한 이야기지만 이들에게 소비 여력이 있을 리 만무하다. 엄청나게 늘어난 유동인구 수에 비해 지갑은 열지 않는 상권, 뜨내기 상권으로 변해버린 것이다.

뜨내기 상권으로 전락한 압구정 로데오 거리

그런데 이게 다가 아니다. 남들이 보지 못하는 것을 보는 사람이 진정한 전문가다. 업계에서 흔히 쓰는 부동산 격언으로 '남이 팔 때 사고, 살 때 팔라'는 말이 있다. 빌딩이라면 매물이 많이 나오는 불경기 때 사고 반대로 매물이 줄어드는 호황 때 팔라는 뜻이다. 필자도 "언제 사는 게 좋은가"라는 고객의 문의가 많아지면 경기가 좋아졌다는 것을 실감한다. 하지만 이때 필자는 "사지 말라"고 권한다. 반대로 "언제 팔아야 하느냐, 더 가지고 있어야 하느냐, 이 금액에 팔면 좋으냐"고 묻는 고객이 많으면 그만큼 경기가 좋지 않음을 뜻한다. 소위 선수라면 이럴 때 사야 한다.

로데오 거리도 과거의 영광을 되찾기 위해 발버둥치고 있다. 현재 로데오 거리 인근의 한양 · 현대 · 미성 아파트의 재건축을 앞두고 있는데, 공사가 벌어지고 시끄러워지면 지금보다 상권의 가치가 더욱 빠지게 될 게 분명하다. 그렇다고 이 동네 살던 사람들이 다른 지역으로 옮겨 가지는 않는다. 수십 년간 삶의 터전이었기 때문이다. 그러나 단기적으로나마 원주민들까지 빠져나가니 그나마 꾸려가던 장사가 더 안 될 것도 자명하다. 하지만 이때 들어가야 한다. 중·장기적으로는 압구정 로데오 거리가 다시금 쇼핑의 명소가 되리라는 게 필자의 예상이다. 특히 청담동 의류 회사들이 로데오 거리에 매장을 낼 가능성이 크다.

지금 안 되는 건 누구나 볼 수 있는 현상이다. 로데오 거리는 전성기 때 3.3㎡(1평)당 1억7000만 원까지 나갔는데 지금 1억 원 수준으로 떨어졌다. 331㎡(100평)으로 치면 170억 원까지 나갔다가 현재는 100억 원이라는 뜻이다.

땅값이 떨어져 자산 가치가 낮아진 것도 땅 주인과 건물주 입장에선 억울한 노릇이지만, 이들에게 무엇보다 심각한 것은 바로 공실과 임대료 체납이다. 제때 내지 못한 월세를 보증금에서 까고 있는 사례도 허다하다. 그러나 바꿔 말하면 끼었던 거품이 꺼져가고 있다는 뜻도 된다. 아파트 재건축이 시작되면 거품은 더 많이 꺼질 것이다. 길게는 10년, 짧게는 3년 동안 유심히 지켜봐야 하는 지역이 바로 로데오 거리다. 가로수길의 임대료를 견디지 못한 세입자들이 다시 로데오 거리로 눈길을 돌릴 가능성이 매우 크다.

가로수길 상인들, 로데오 거리로 유턴할 것

건물주들의 달라진 인식도 로데오 거리의 부활을 재촉하고 있다. 예전 전성기 때만 해도 로데오 거리 건물주들의 콧대는 하늘을 찔렀다. 세입자들을 종 다루듯 했을 정도다. 중개업자들에게도 "수수료 많이 달라고 하면 계약서 안 쓰겠다"라며 배짱을 부리는 사람이 많았다. 심지어 업계에서 관례로 통하는 '무상 공사 기간'도 무시되기 일쑤였다. 본격적인 임대 전에 인테리어 공사에 들어가는 기간(통상 보름에서 1달)은 임대료를 면해주고 관리비만 받는 관례가 바로 무상 공사 기간이다. 로데오 거리의 전성기 때는 턱도 없는 소리였다. 지금은 어떨까? 공실과 체납에 힘들어하는 건물주들이 "내가 밥을 사겠다"며 필자에게 상담을 요청할 정도이다.

요즘 로데오 거리의 건물주들 사이에선 '상권을 살리고 보는 게 급선무'라는 여론이 형성돼 있다. 200만~300만 원 더 받으려 하지 말고 세입자들이 맘 편히 오래 장사하게끔 임대료를 낮춰주고 '갑질'도 하지 말자는 인식이 생긴 것이다.

아파트 재건축이 완료돼 고층 아파트가 들어서면 그만큼 유입 인구도 늘어난다. 여기에 임대료도 저렴하다면 예전처럼 최고급 상권은 아니어도 중저가 쇼핑 거리로 부활할 가능성은 충분하다. 고가의 럭셔리 제품은 청담동, 중저가는 압구정 로데오 거리로 재편될 것이다. 굳이 예를 들자면 홍대 거리나 신촌 이상은 될 것이라는 게 필자의 예상이다. 오히려 배후의 주택가가 부족하고 젊은 층만 바글바글한 홍대 거리보다 더 좋은 상권으로 부활할 가능성이 크다. 더욱이 로데오 거리는 국내 최고의 부유층이 몰려 있는 아파트 단지가 배후로 자리 잡고 있다.

성형의 거리 : 압구정역

압구정동은 누가 뭐라 해도 대한민국, 아니 아시아 성형 수술의 메카이다. 압구정동에 성형외과 거리(사진 28)가 본격적으로 자리 잡은 지도 10년이 넘는다. 병원으로 특화된 상권이 형성되기 전에는 먹자골목 형태의 유흥 상권의 성격이 강했다. 식당과 주점이 줄어든 대신 병원이 자리 잡으니 유동인구는

오히려 과거에 비해 줄어들었다.

드나드는 사람이 줄었음에도 건물주들이 음식점, 호프집, 노래방을 기피하게 된 것은 성형외과 병원이 입주하기 시작한 10년 전부터이다. 빌딩 주인이 병원을 선호하는 이유는 간단하다. 임대료가 밀리는 경우가 거의 없기 때문이다. 압구정역 인근을 비롯한 강남 지역에서 일하는 성형외과·피부과 의사들은 개업의 밑에서 월급을 받는 고용된 의사(페이닥터)로 출발하는 게 일반적이다. 그러다 경력이 쌓이면 독립해서 나오게 마련이다. 그런데 이들은 페이닥터에서 자기 병원을 가진 '원장님'으로 독립해도 강남을 떠나지는 않는다. 그렇게 계속 새끼를 치는 방식으로 병원 수가 늘고 있다. 대개 자신의 학교 후배를 키우는 식의 도제식 고용으로 페이닥터를 쓰므로 그들 간의 유대감도 매우 강하다.

굶어 죽는 한이 있어도 임대료 체납은 없다

가깝고 끈끈한 인맥으로 이어져 있다 보니 소문에 민감한 것이 압구정동 성형 거리의 특징이다. '임대료가 밀렸다'는 얘기가 의사들 사이에서 퍼지면 금세 망했다는 소문부터 나도는 것이 바로 이 압구정역 인근이다. 그러니 굶어 죽는 한이 있어도 임대료 체납은 금물이다. 건물주 입장에서 이보다 더 좋은 세입자가 어디 있으랴. 그러니 건물주들 사이에서도 어지간하면 호프집 대신 병원에 세를 주자는 생각이 굳어졌다. 10년 전만 해도 한 건물에 성형외과가 있으면 다른 병원을 또 들이지 않는 게 상도의였다. "다른 원장한테서 동의서를 받아 오면 세를 주겠다"라고 말하는 건물주도 있었다. 경쟁자가 들어온다는데 어느 누가 호기롭게 동의서를 써주었겠나.

요즘은 사정이 전혀 다르다. 자신의 건물에 또 다른 병원이 입점하는 걸 건물주도, 기존 입점 병원도 전혀 신경 쓰지 않는다. 한 건물에 병원만 38

개가 들어선 빌딩이 있을 정도다. 자리가 없어 지하층까지 찾아 들어간 경우도 있다. 요즘은 오히려 한 건물에 입주해서 '메디컬 빌딩'이라는 프리미엄을 누리며 상생하는 방식이 트렌드다. 병원도 '규모의 경제'를 실현하는 셈이다. 서로 헐뜯으며 동네 수준을 떨어뜨리면 상권이 죽는 것은 한순간이라는 것을 의사들도, 건물주들도 잘 알고 있는 지역이 바로 압구정역 성형의 거리이다. 이 지역의 가치는 앞으로도 꾸준히 상승할 것으로 예상된다. 빌딩 주인 입장에서도 임대료가 높고 체납도 없으며 공실까지 적기 때문에 이보다 더 좋을 수는 없다.

국제 거리, 글로벌 거리 : 삼성동 한국전력 부지

삼성동은 강남은 물론 대한민국에서 외국계 기업이 가장 많이 밀집한 곳이다. 특히 현대자동차그룹이 한국전력 부지를 사들이면서 강남 지역 대규모 개발 계획의 마지막 노른자 땅으로 평가받는다. 한전 부지(사진 29)는 일반 부지로 치면 최소 800필지 이상의 넓은 면적이다. 800필지면 800명의 소유주가 있다는 뜻이고, 부부면 1600명, 자식들까지 치면 수천 명과 협상에 나서야 한다. 이런 이유로 대형 개발에 나섰다가 중단되는 사업도 많다. 그런데 한전 부지는 그 넓은 땅의 임자가 단 한 명뿐이다. 강남에 이런 땅이 남아 있다는 것 자체가 극히 이례적인 사례이다.

느닷없이(?) 현대차그룹이 등장하기 전만 해도 한전 부지의 새로운 주인은 삼성그룹으

로 좁혀지는 분위기였다. 현재 삼성의 본사는 강남역 뒤편에 있다. 풍수지리를 중요시하는 것으로 유명한 재벌 그룹 치고는 실수가 아닌가 생각될 정도의 입지라는 게 필자의 생각이다. 강남역은 땅값도 비싸고 어중이떠중이가 바글바글한 곳이다. 왜 그런 곳에 글로벌 일류 기업의 본사가 들어섰을까? 대한민국 어딜 가더라도 삼성 때문에 시역 사체가 새로 만들어지는데 말이다.

그룹 이름인 삼성과 딱 들어맞는 삼성동에 지하철역 이름도 삼성역이다. 여기에 이건희 회장의 별장도 삼성동 아이파크(심지어 현대가 지었음에도) 뒤에 있을 정도다. 한전 부지는 삼성이 매입하기도 쉬운 땅이었다. 넓은 땅이지만 한 필지에 불과해 베팅하기 쉬운 건 당연했고 감정원 자리도 삼성생명이 2328억 원에 사들였었다. 그러고 나면 나머지 수용 부지는 얼마 되지 않는다. 그러니 강남 지역 부동산 전문가들도 다들 삼성이 독자적으로 매입하는 것이 수순이라는 예측이었다.

한전 부지의 새로운 주인이 된 현대차그룹은 어떨까? 일부에선 감정가 3조 원대의 땅에 10조 원을 쏟아 부었다며 정몽구 회장의 무모한 베팅을 힐난하는 분위기도 있다. 하지만 필자의 생각은 조금 다르다.

강남 지역 유일의 대규모 개발 예정지

현재 현대차그룹의 본사 사옥이 있는 양재동은 매우 불편한 자리임에 틀림없다. 위치도 좋지 않아 접근성이 떨어지고 기아자동차와 기타 계열사들이 입주하기에는 물리적으로 면적 자체가 비좁다. 현대차그룹이 한전 부지를 매입하기 이전에 새로운 본사 사옥으로 점찍었던 곳은 성수동의 삼표산업 공장 자리였다. 이 지역은 오세훈 전 서울시장 시절에 상업지역으로 용도변경이 추진됐다가 지금은 중단된 상태다. 이렇게 본사 이전 부지를 찾는 데 애를 먹던 현대차그룹에 단비 같은 소식이 들려왔다. 이명박·박근혜 정부 이후 시작된 공기업 구조조정 정책이었다. 이로 인해 한전도 전남 나주에 새로 본사를 지어 이전했다.

정부의 부지 매각과 본사 이전 결정이 아니었다 하더라도 한전의 자본력으로는 이 지역의 개발 비용을 감당하기가 어려웠을 것이다. 그만큼 대규모 사업이다. 결국 현대와 삼성의 격돌은 현대의 승리로 막을 내렸다. 10조 원으로 매입이 결정되면서 한전 부지 인근에 본사를 둔 기업들(사조빌딩 등)의 주가가 폭등했을 정도로 파장은 컸다. 지금도 한전 부지 주변 땅들을 현대차그룹이나 계열사, 협력 업체 등이 사들이고 있다. 서울시는 새로 지하상가 조성 계획을 세우는 중이고 이곳에서 잠실로 건너가는 탄천 다리도 하나 더 만들 예정이다.

현대차그룹 주도의 본사 건립과 도심 개발이 완료되면 삼성동은 지금까지와는 차원이 다른 월드 비즈니스 특구로 다시 태어날 것이다. 자동차와 스포츠의 만남, 여기에 호텔과 쇼핑까지 한곳에서 해결할 수 있는 하나의 '타운'이 완성되는 것이다. 삼성역 인근은 원래부터 외국계 기업의 업무시설이 밀집해 있는 곳이다. 강남역과는 분위기 자체가 다르다. 섬유센터, 코엑스, 인터컨티넨탈호텔, 공항터미널, 아셈타워 등 '국제 거리'를 뒷받침할 인프라도 훌륭하게 조성돼 있다. 강남은 물론 대한민국에서 삼성동 국제 거리를 대체할 만한 지역은 없다. 외국계 기업이나 무역 회사들이 가장 입주하고 싶은 지역으로 발전할 날이 머지않았다. 그리고 이 구역의 주인은 현대차그룹이다. 만약 이건희 회장이 쓰러지지 않고 정상적인 경영 활동이 가능했다면 어땠을까? 카리스마와 경험이 부족한 3세가 10조 원이라는 거액에 베팅할 수 있었을까?

위기에 빠진 홍대 거리 상권

부동산 전문가들 사이에 불변의 진리가 있다. 서울 시내 중심 상권이 10년을 주기로 바뀐다는 속설이다. 10년이라는 시간을 거치면서 소외되었던 지역이 회려히게 부상하기도 하고, 금싸라기 땅으로 불리던 지역이 점차 쇠락하기도 한다. 그런 예 중 하나가 바로 홍대 인근 상권(사진 30)이다.

홍대 인근 상권은 서대문구 일대에서도 신촌, 이대 앞 지역에 밀려 가장 소외된 상권이었다. 한때 홍대 부근의 시세가 신촌 시세의 30% 수준이었던 것을 생각하면 그야말로 '상전벽해'(桑田碧海)가 따로 없다. 홍대 부근의 부흥기는 압구정 로데오 거리와 서울대입구역 근처에 자리 잡았던 세입자들이 이전해 오면서 시작되었다.

압구정 로데오 거리, 서울대입구역 인근의 임대료가 큰 폭으로 오르면서 세입자들이 새롭게 찾아낸 지역이 지하철 2호선을 끼고 있고 대학가 수요가 풍부한 홍대 부근이었다. 또한 국내에 창업 열풍이 불면서 젊은 창업주가 하나둘씩 홍대 거리에 터를 잡은 것도 이곳 상권을 형성하는 데 한몫했다. 모두 어려웠던 2008년 금융 위기 시기에도 다른 상권들은 휘청했지만 홍대 인근의 부동산 열기만큼은 식을 줄 몰랐다.

서대문구에서 나고 자란 YG엔터테인먼트의 양현석 대표가 홍대 인근에 터를 잡고 꾸준히 사업을 확장한 것도 큰 영향을 미쳤다. 양 대표는 마포구 합정동에 YG 사옥을 신축하고, 그 일대의 낡은 건물을 하나둘씩 사들여 빌딩을 신축하는 식으로 홍대 인근 지역을 가꿔나갔다. 자연스레 홍대 거리에는 트렌디한 젊은이들이 모여들었고 최근에는 중국과 일본의 관광객까지 모여들면서 상권의 부흥기가 지속될 수 있었다. 지난 3월에는 배우 손예진이 지하철 2호선 합정역 1번 출구 부근에 93억5000만 원을 들여 빌딩을 매입했고, 지난 4월에는 개그맨 신동엽도 128억

30

원을 투자해 홍대 인근의 빌딩을 매입했다. '홍대 거리는 연예인 빌딩 집합소'라는 말이 괜히 생긴 것이 아니라는 얘기다.

하지만 '홍대 인근 지역의 부동산은 흥망의 기로에 서 있다'는 것이 필자의 분석이다. 이유는 이 지역에 세입자의 임대료 체납 문제로 골머리를 썩고 있는 건물주가 많다는 소식 때문이다. 현재 홍대 부근은 분명 핫한 지역인 것이 맞다. 문제는 연남동, 상수동 등지로 홍대 인근 상권이 확장되면서 속칭 '손님 나눠 먹기' 현상이 발생하는 데 있다. 손님 한 사람이 저녁 식사를 두 번 할 수 없는 것처럼, 유입되는 사람의 수에는 한계가 있는데 상점은 계속 늘어나니 세입자 입장에서는 장사가 어려울 수밖에 없다. 이 때문에 임대료 체납 문제가 발생하면서 건물주에게도 어려움이 닥치고 결국 홍대 거리 상권 전체가 쇠락하게 되는 것이다. 이제는 시끌벅적한 먹자골목보다 차분하고 조용한 지역이 각광받는 시대다. 제2의 홍대 거리는 어디가 될지 한 번쯤 고민해봐야 할 때다.

PART 5

대한민국 최고수의 특급 투자 노하우

01 '경매', 흙 속의 진주 찾기

옛말에 '짚신도 짝이 있다'는 말이 있다. 이 말은 부동산 투자에서도 통하는 말이다. 아무리 좋은 부동산도 주인의 목적과 맞지 않으면 무용지물이 되지만, 딱 맞는 주인을 만나면 비로소 진정한 자산 가치를 발휘한다. 경매가 바로 그렇다. 누군가에게는 가슴 아픈 경험이지만, 싼값에 부동산을 구매한 낙찰자에게는 새로운 출발이 될 수도 있다.

남편과 함께 두 아이를 키우며 서울 근교에 사는 40대 주부 A씨. A씨는 여느 엄마들처럼 자녀 교육 문제로 서울 강남으로 이사하기를 바랐다. 하지만 집값이 높은 강남에 입성하기 위해서는 보유 중이던 다른 부동산을 처분해야만 했다. A씨 부부 소유의 부동산은 시부모에게 물려받은 시골 땅과 작은 집이 전부였다. 농사짓기 적합한 기름진 땅이었고 집도 꾸준히 관리해 비교적 깔끔한 편이었다. 하지만 문제는 사려는 사람이 없다는 것이었다. A씨 부부 모두 어려서부터 도시로 나와 공부했기에 해당 지역에 연고도 없을뿐더러, 10여 년째 별다른 개발 호재도 없는 곳이었다.

A씨는 고민 끝에 한 가지 묘수를 생각해냈다. 바로 경매였다. 먼저 친한

친구 B씨에게 필요한 돈을 빌렸다. 그러자 B씨는 A씨의 해당 부동산에 대해 법원에 임의매각 신청을 했다. 겉으로 드러난 것만 보면 부동산을 담보로 돈을 빌린 A씨가 이를 갚지 못해 땅을 넘긴 것으로 보였다. 하지만 실상은 이 모든 과정이 A씨가 치밀하게 계산한 시나리오였다.

팔리지 않던 땅도 경매로 손쉽게 처분

해당 부동산에 대해 법원은 임의매각 결정을 내렸다. 그러자 법원 경매 물건 페이지는 물론이고 각종 경매 컨설팅 업체의 홈페이지에 A씨 땅의 사진과 감정가가 내걸렸다. 덕분에 부동산 사냥꾼들의 레이더망에도 쉽게 포착될 수 있었다. A씨 입장에서는 돈 몇 푼 들이지 않고 엄청난 효과의 광고를 한 것이나 마찬가지인 셈이었다. 매수자를 찾지 못해 두 차례 정도 유찰되긴 했지만 그럴수록 광고 효과는 더 커졌다.

결국 해당 부동산은 귀농을 꿈꾸며 땅을 찾고 있던 50대 남성 C씨에게 낙찰됐다. 주인 없이 방황하던 부동산이 드디어 딱 맞는 새 주인을 찾은 셈이다. 덕분에 A씨는 골칫덩어리였던 땅을 손쉽게 처분했고, 낙찰자 C씨 역시 그토록 찾던 땅과 집을 좋은 가격에 사들여 귀농의 꿈을 이루게 됐다.

일반적으로 법원 경매라 하면 지루한 명도(소유권 이전) 과정과 불미스러운 사연 등 웬만해서는 얽히고 싶지 않은 이미지부터 떠올리는 사람이 많다. 하지만 A씨 사례처럼 경매에 대한 선입견을 바꾸면 그 효용 가치가 확연히 달라진다. 어쩌면 경매는 부동산을 팔고 싶은 사람에게, 또 사고 싶은 사람에게 가장 적합한 도구인지도 모른다. '경매로 홀로서기'를 준비하고 있는 사람이라면 법원 경매 사이트를 눈여겨볼 것을 권한다. 주인을 찾지 못한 부동산이 당신을 기다리고 있을지도 모를 일이다. 마치 '흙 속의 진주'를 발견한 것 같은 기쁨을 누릴 수 있을 것이다.

밀린 관리비·공과금은 낙찰자의 몫

요즘 들어 특히 법원 경매로 부동산을 장만하려는 사람이 늘고 있다. 하지만 경매 자체가 그리 녹록한 투자 방법은 아니다. 기본적인 지식 없이 섣불리 뛰어들었다가는 이익은커녕 손해를 보기 십상이다. 그중에서도 가장 간과하기 쉬운 것이 관리비 납부에 대한 부분이다. 대법원의 판례에 따르면 전기요금, 수도요금, 도시가스 사용료 등이 체납된 경우 낙찰자는 이에 대해 아무런 납부 의무가 없다. 즉 새로 낙찰 받은 사람이 밀린 공과금을 부담하지 않는 게 원칙이다. 하지만 이건 어디까지나 법과 원칙에 한해서이지, 현실은 완전히 다르다.

온갖 관리비가 체납된 아파트를 낙찰 받은 사람이 있다고 해보자. 당장 들어가 살기 위해서는 전기와 가스, 수도가 공급돼야만 한다. 하지만 관리비가 체납된 상태에서는 전기나 수돗물, 가스를 공급 받을 수 없다. 이런 상황에서 전 주인을 찾아가 하소연한들 순순히 밀린 관리비를 내놓을까? 욕이나 먹지 않으면 다행이다. 결국 낙찰자가 울며 겨자 먹기로 밀린 관리비를 처리할 수밖에 없다. 특히 다가구나 다세대주택 같은 살림집은 으레 공과금 체납 고지서를 받아드는 게 수순일 정도다.

간혹 벌어지는 일이지만 주인에게서 해코지를 당하는 경우까지 있다. 인터폰이나 변기를 죄다 깨부고 나가거나 심지어 하수구에 모래를 쏟아붓는 사람도 있다. 그래서 경매는 최소한 시세의 80% 이하로 낙찰 받아야 한다. 10% 정도 들어가는 추가비용까지 고려해야 하는 것이다. 그래야 수익을 10%라도 남길 수 있다.

한 예로 감정가가 22억 원인 압구정동 현대아파트가 22억6000만 원에 낙찰된 사례가 있었다. 당시 같은 단지에 급매로 21억5000만 원에 나온 물건도 있었는데 말이다. 이럴 바에는 경매가 아닌 급매물을 사는 게 이익이다. 26명이나 되는 사람이 경매에 뛰어들면서 과열된 분위기가 어처구니없는 낙찰가를 만들어낸 사례다.

이렇게 경매는 무조건 싸다고 생각하는 것도 금물이다. 경매로 나온 물건 중 관심 있는 부동산 매물이 있다면 인근의 부동산 중개소를 최소한 5~10곳은 다녀보며 현장 조사에 나서야 한다. 중개소마다 시세가 모두 다르기 때문이다. 직접 발품을 팔아 평균치를 구해야 비로소 진짜 시세를 파악할 수 있다. 급매가가 시세도 아니고, 운 좋게 비싼 값에 팔린 경우도 시세가 아니다.

경매로 나온 부동산 중 가장 접근하기 쉬운 상품은 토지이다. 토지는 일단 주거용 부동산에 비해 경쟁률이 낮다. 그런데 토지는 중·장기 투자 상품이어서 당장 기대하는 수익을 거두기 어렵다는 점을 염두에 두어야 한다.

토지를 경매로 낙찰 받으려는 경우 피해야 할 것은 '공동 투자'이다. 토지 투자는 중·장기적으로 묻어놓는 투자다. 단기 수익을 거두기 어렵기 때문이다. 그런데 공동 투자에 나섰을 경우 처분 시기와 매매가 등에 대한 합의를 이루기가 결코 쉽지 않다. 땅값이 오르기를 기대하며 기다려야 하는데, 개발이 그리 쉽게 진행되는 것도 아니다. 때로는 낙찰가율을 두고 싸우는 경우도 있다. 법원 경매장에서 동업자들끼리 싸우는 풍경이 잦은 이유다.

02 경매보다 싼 급매 건물을 찾아라

한때 필자도 IMF 금융 위기 시절에 법원 경매를 통해 목돈을 쥔 경험이 있다. 하지만 최근에는 강남에서 경매로 나온 빌딩을 찾아보기 어렵다. 강남 빌딩에 한해서는 '경매 실종 상태'라고 봐도 무리가 없을 정도다. 일반적으로 경매 물건이 많이 나온다는 것은 나라 경제가 좋지 않든가 부동산 경기가 장기적인 침체에 빠져 있다는 신호다.

그런데 요즘 강남 부동산은 침체는커녕 뜨겁다 못해 과열 현상까지 벌어지고 있다. 이렇다 보니 경매 시장에서 강남 건물을 낙찰 받으려는 사람이 대거 몰리며 오히려 시세보다도 높은 낙찰가를 기록하는 경우가 자주 목격된다. 경매란 시세보다 저렴한 가격에 부동산을 매입해 그 차익을 남기는 투자 방법이다. 그런데 강남 소재 건물은 매물이 적고 경쟁자는 많다 보니 낙찰을 받기 위해선 어떻게든 높은 가격을 쓸 수밖에 없는 것이다. 13억 원이 적당한 시세인 건물을 15억3000만 원에 낙찰 받고선 억울하다며 하소연하는 사례도 봤다.

법원 경매에 도전하기 전에 반드시 염두에 두어야 할 내용이 있다. 먼저 법원 경매 물건은 무조건 싸다는 고정관념을 버려야 한다. 또 경매는 법적인 절차가 생각보다 까다롭고 자신의 소유로 부동산 명의를 넘겨 받기까지 걸리는 시간도 길다.

이 대목에서 주목해야 할 투자 방법이 바로 '급매'이다. 시세보다 싸게 매입하는 게 목적이라면 경매보다도 싼 급매야말로 가장 이상적인 투자라 할 수 있다. 법적 절차, 세입자(임차인)와의 명도 소송 등 복잡한 절차 필요 없이 일반적인 아파트 매매와 똑같은 방식으로 진행되니 이보다 나은 투자 방법도 찾기 어렵다.

자주는 아니지만 가끔 경매보다 15%, 시세보다 30% 정도 저렴한 가격의 물건, 한마디로 부동산 전문가들이 표현하는 '급급매' 매물을 만날 수 있다. 그래서 부동산을 매입할 때는 다양한 경로로 매입해야 한다. 즉, 일반 매매, 법원 경매, 공매, 급매, 급급매 등 다양한 매물에 대한 시세 분석을 끊임없이 해야 한다.

개포 주공아파트 1채 가격으로 강남 빌딩 주인 되다

개포동 주공아파트 50㎡(15평형)에서 1983년부터 최근까지 약 33년 동안 살았던 J씨 부부. 남편은 제과 회사에 35년간 다니다가 퇴직을 앞두고 있었다. 은퇴 이후 매월 고정적인 수입(급여)이 사라진다는 걱정이 컸던 J씨는 큰 결심을 했다. 수십 년 살아온 아파트를 과감하게 처분하고 상가주택으로 갈아타기로 결정한 것이다. 건물 제일 위층은 J씨 부부가 살고 나머지 층에서 월세를 받을 수 있는 강남 빌딩으로 갈아타려는 계획이었다. 이들의 꿈이 현실이 된 과정을 살펴보자.

현재 개포동 주공아파트는 너무 노후화돼 재건축이 진행되고 있다. 현 시세는 대략 12억 원 정도다. J씨가 오랜 기간 노린 것이 바로 급매물이었다. 강남구 역삼동 소재 대지 182㎡(55평), 연면적 496㎡(150평), 지하 1층~지상 4층으로 2005년 준공한 상가주택이 20억 원의 급매물로 나온 것이다. 현재 임차인들은 지하 1층(사무실), 1층(편의점), 2층(사무실), 3층(사무실)에 입주해 있고, 4층(주인 거주)은 방 3칸, 화장실 1칸으로 이루어진 상태였다. 이 건물 세입자들의 전체 보증금은 4억5000만 원, 은행 대출금은 8억 원이었다. 투자금을 분석해보면 다음과 같다.

□ 총 매매가 20억 원

□ 20억 원 - (세입자 보증금 4억5000만 원(승계) + 은행 대출금 8억 원(승계)) = 실 현금 투자액 7억5000만 원

□ 매월 임대료 700만 원 - 매월 은행 대출금 이자 300만 원 = 매월 실수령금 400만 원

J씨 부부는 12억 원짜리 주공아파트 1채를 팔아 8억5000만 원(소유권 이전 비용 1억 원 포함)에 아파트보다 넓은 집에 살게 됐다. 여기에 은행 대출금 이자를 납부하고도 매월 400만 원(1년으로 치면 4800만 원)의 수익이 나오니 은퇴자로서 이보다 더 나은 투자가 또 있을까?

더 놀랄 만한 일이 있다. 매매가 20억 원에 매입한 건물의 실제 시세가 24억 원이었다는 사실이다. 바로 급매물을 찾았기에 가능한 수익이었다. 결론적으로 J씨 부부는 소유권 이전 비용까지 포함해 8억5000만 원을 들여 24억 원짜리 강남 빌딩의 주인이 됐다. 이 정도 투자는 100점 만점에 99점 이상 받을 수 있는 성공 사례로 볼 수 있다.

03 새 물건 매입보다 기존 자산 정리가 먼저다

우리나라 사람들이 소유한 자산 유형 중 부동산이 차지하는 비중은 70%가 넘는다. 그만큼 한국인에게 '부동산'이라는 자산이 갖는 가치는 특별하다. '믿을 건 부동산밖에 없다'거나 '부동산 불패 신화' 같은 말들이 별 무리 없이 들리는 것도 이러한 경향 때문이다. 이렇다 보니 부동산 투자라고 하면 무조건 가치 있는 물건을 사들이는 것이라고만 생각하는 사람이 많다. 매입은 계획해도 매도는 안중에 없는 식이다. 그런데 평소 투자 상담을 하면서 필자가 더욱 강조하는 것이 바로 기존 자산의 정리이다.

현재 소유하고 있는 자산 중에 불필요한 자산, 지가 상승이 없는 자산, 주식, 채권, 귀금속 등 지금 가지고 있어봤자 은퇴 후 활용할 수 없는 자산을 먼저 정리하는 것이 부동산 재테크의 순서이다. "몇 년 전에 땅 사놓은 게 있는데 팔아야 할지 말아야 할지 모르겠다"는 유형의 문의가 많은데, 살 때는 매우 치밀하게 분석한 부동산도, 매입 이후에는 가격 등락세를 조사하지 않는 사람이 태반이다. 이런 경우 필자는 "최소한 한 해 상·하반기 2회는 가격 조사에 나서라"고 조언한다. 많이 오를 때는 언제이고 얼마나 올랐는지, 또 떨어질 때는 언제이며 얼마나 떨어졌는지를 해당 부동산의 소유주가 꿰고 있어야만 한다. 그래야 언제 팔아야 할지, 언제까지 보유하고 있을지에 대한 판단이 가능하다.

특히 퇴직금을 활용하기 위해 수익형 부동산을 찾는 은퇴자라면 불필요한 부동산을 처분한 후 자산을 한 바구니에 담는 지혜가 필요하다. 일반적으로 은퇴자가 부동산을 10~20개씩 보유하지는 않는다. 많아봐야 땅 1필지, 오피스텔 1채 정도이다. 그런데 자신이 살고 있는 집값은 수시로 체크하면서, 자산 증대를 위해 사둔 토지는 등한시하는 경우가 많다. 부동산을 좀 아는 고객은 필자와 상담하기 위해 방문할 때 자신의 자산 리스트를 미리 뽑아 온다. 이런 고객은 언제 샀고, 얼마에 샀고, 그간 어느 정도 오르고 내렸는지를 훤히 꿰고 있다. 소위 선수들이다.

부동산도 '물물교환'이 가능하다

보유 자산의 정리 방법 중 일반인이 잘 모르는 고급 노하우가 있다. 바로 '교환'이다. 단어 그대로 벼룩시장에서 물물교환하듯 자신의 부동산과 다른 사람 소유의 부동산을 맞바꾸는 방법이다. 예를 들어 공장을 짓거나 전원주택 부지를 확보하기 위해 땅이 필요한 사람이 있다고 치자. 반대로 가지고 있는 땅을 처분해 매월 수익이 나는 상가를 원하는 사람도 있을 것이다. 이럴 때 서로 수요가 맞아떨어지는 두 사람이 만나면 어떨까? 소유권 이전에 대한 평가를 마친 후 이해관계가 맞는다면 정식으로 '교환계약서'를 쓰고 서로 부동산을 맞바꿀 수 있다.

부동산 교환은 절세에도 매우 유리한 취득 방법이다. 예를 들어 시세 8000만 원짜리 부동산에 대한 교환이 이루어졌을 경우, 교환계약서에는 해당 부동산의 자산 가치를 6000만 원으로 낮춰 표기하는 것이다. 실제로

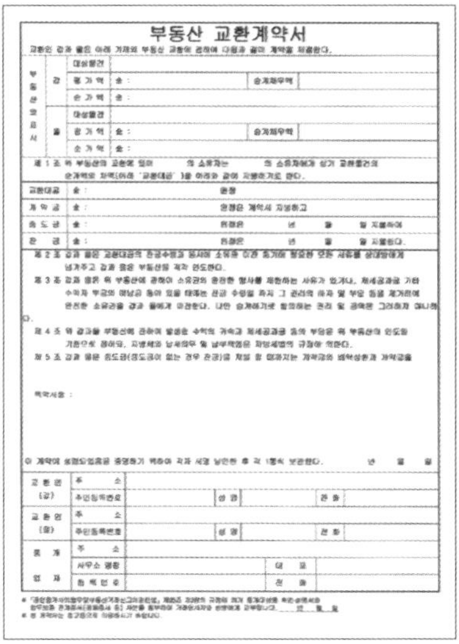
부동산 교환계약서
대상물건
평가액 金 :
중도금 金 :
잔금 金 :
교환대금 金 :
계약금 金 :
제 5 조 갑과 을은 중도금(중도금이 없는 경우 잔금)을 지불 할 때까지는 계약금의 배액상환과 계약금을
특약사항 :
교환인 (갑) 주소 / 주민등록번호 / 성명 / 전화
교환인 (을) 주소 / 주민등록번호 / 성명 / 전화
중개업자 주소 / 사무소 명칭 / 대표 / 허가번호 / 전화

서로 돈이 오가지 않았으니 정부 공시지가 이하로 하지 않는다면 법적으로도 아무런 하자가 없다. 탈세가 아닌 절세 노하우인 것이다. 이렇게 하면 양도세, 취등록세, 소유권 이전 비용 등을 아낄 수 있다. 다만 나중에 팔려고 할 때 양도세를 더 낼 수 있다는 점은 감안해야 한다.

말은 쉽지만 일반인이 이런 거래를 성사시키기란 쉽지 않다. 개인이 부동산 교환에 나서면 사기꾼 소리를 듣기 십상이다. 따라서 교환 거래의 경우 전문 중개인에게 의뢰하는 것이 좋다. 땅과 건물, 집과 토지 등 일대일로만 거래가 이루어지는 것도 아니다. 6억8000만 원 상당의 대물 4건(땅, 아파트, 오피스텔 2채)을 주고 9억 원짜리 건물을 받은 경우도 있다. 아파트와 오피스텔 주인은 상가 건물을 사서 임대 수익을 노렸고, 건물주는 당장 현금이 필요한데 9억 원에는 팔리지 않는 빌딩을 갖고 있었다. 개인이 4개의 물건을 판 돈을 합쳐 건물을 보러 다니는 방법과, 이해관계가 맞는 물건과 그저 주고받으면 그만인 방법. 둘 중에 무엇이 나을지는 굳이 말할 필요가 없으리라.

04 자투리땅이 가져다준 기적

전문직 남편이 벌어오는 돈으로 알뜰살뜰 살림만 하던 50대 주부 C씨는 "노후 대비로 부동산 투자만 한 것이 없다"는 지인의 말을 듣고 적극적으로 부동산 재테크에 뛰어들기로 마음먹었다. 그런 그녀의 눈에 들어온 것은 강남 한복판, 일반상업지역 대지에 있는 3층짜리 허름한 건물이었다. 입지 좋은 역삼동 먹자골목에 자리했음에도 이 빌딩이 부동산 사냥꾼들의 눈길을 그다지 끌지 못한 이유는 무엇이었을까? 건물이 들어선 부지 면적이 너무 좁았기 때문이다.

부동산 투자로 더 큰 수익을 거두는 노하우 중 하나가 낡은 건물을 허물고 그 자리에 새 건물을 올리는 방법이다. C씨가 봐둔 역삼동 건물은 대지 면적이 81㎡(약 25평)에 불과했다. 통상 대지 면적이 작으면 건물을 높이 올리지 못하게끔 건축법의 제약을 받는다. 그러니 얼핏 봐도 수익성이 떨어지는 매물이었다. 이때부터 C씨의 고민이 시작됐다. 사실 그녀는 부동산에 대한 이렇다 할 지식 없이 무작정 덤벼들었다가 낭패를 본 경험이 있었다. 건물을 높이 올리지 못하는 작은 평수의 자투리땅이라는 게 하나같은 이

자투리땅 개발 성공 사례

유였다. 그러던 어느 날, C씨는 뜻밖의 사실을 알게 된다. 이미 15년 전에 부지 면적에 따라 건축을 제한했던 건축법이 개정됐다는 소식이었다.

그간 C씨는 수익성을 따져보기도 전에 '당연히 안 되겠지' 하는 생각에 투자를 포기한 경우가 많았다. 법이 바뀌었다는 반가운 소식에 C씨는 한달음에 필자를 찾아와 해당 부지에 대해 자문했다. 필자가 보기에도 좋은 투자처임이 분명했다. 그저 좁아서 안 된다고 생각했던 부지에도 높은 건물을 지을 수 있다는 뜻이었다. 애물단지인 줄만 알았던 빌딩이 사실은 '황금알을 낳는 거위'였던 셈이다. C씨는 들뜬 마음을 감추고 해당 빌딩을 매입했다. 부지가 좁다는 이유로 가격도 시세보다 저렴했다. 자본금 9억 원에 대출을 10억 원가량 받아 건물을 매입했고, 소유권 이전이 완료되자마자 필자의 추천을 받아 시공사, 설계사를 선임해 새 빌딩을 올렸다. 그렇게 9층짜리 번듯한 빌딩이 완공되기가 무섭게 이 빌딩은 임대 시장에서 주목받기 시작했다. 탁월한 입지 조건과 소형 오피스에 대한 수요가 맞물리면서 C씨는 비로소 함박웃음을 지을 수 있었다.

좁은 땅에 높게 짓는 게 재테크의 기본

현재 이 건물의 시세는 38억 원이 넘는다. 커피숍, 네일아트숍, 소형 오피스 등이 들어오면서 매달 1500만 원에 달하는 월세 수익까지 올리고 있다. 요즘 100만 원을 은행 통장에 1년간 넣어두어도 1만~2만 원 정도의 이자가 고작이다. C씨의 선택은 그야말로 '특급 재테크'였던 것이다. 척 봐도 탐이 나는 매물은 이미 다른 사람들도 눈독 들이는 물건일 수밖에 없다. 시장 상황이 크게 변하지 않는 한 기대 수익 역시 남들이 기대하는 정도다. 하지만 모두가 안 된다고 하는 부동산 매물도 다시 한 번 꼼꼼히 살펴보면 의외의 대박을 터뜨릴 수 있다. '꺼진 불도 다시 보자'는 말은 부동산 투자에서도 통하는 말이다.

15년 전만 해도 부지 면적에 따라 건물 높이를 제한하는 법률 때문에 많은 이들이 으레 작은 평수의 땅에 대한 투자는 포기하곤 했다. 그런데 지난 1999년 2월 8일 자로 소규모 대지에도 용적률, 건폐율 등의 기준을 고려해 건축을 허용하는 방향으로 법이 개정됐다. 자투리 부지들이 개발되지 못하고 그대로 방치되는 현실 때문이었다.

C씨의 사례를 보면 한 일화가 떠오른다. '가진 것이라곤 밥그릇 하나밖에 없던 거지가 얼어 죽었는데, 알고 보니 그 밥그릇이 가격을 매길 수 없을 정도로 귀한 골동품이었다'는 얘기다. 이렇듯 어느 방향, 어떤 시각으로 보느냐에 따라 부동산의 가치가 달라진다. 보잘것없는 밥그릇 같은 부동산인지 아니면 귀한 골동품 같은 부동산인지, 한 번쯤 전문가를 찾아 자문해볼 필요가 있다.

자신의 가용 자산은 생각하지 못하고 땅이 너무 좁다고 불평하는 사람이 많다. 반대로 큰 면적의 땅이 나오면 가진 돈이 부족하다고 하소연한다. 좋은 부동산이란 앞서 본 것처럼 최소한의 면적에 최대한 높게 올릴

자투리땅 모양별 등급

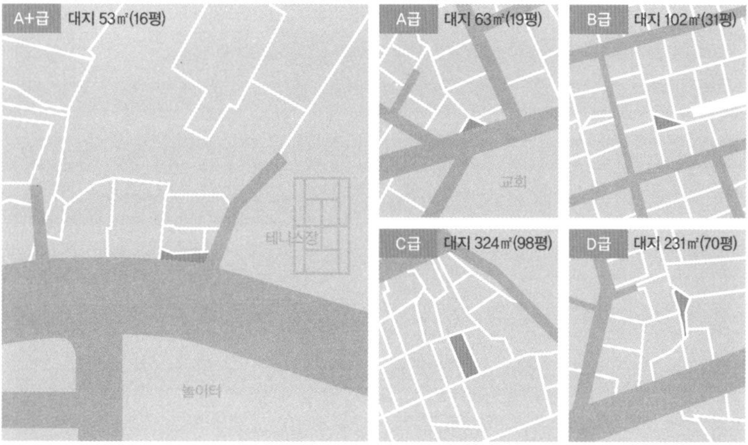

수 있는 땅이다. 33~50㎡(10~15평) 같은 자투리땅은 시세의 30~50% 가격으로 싸게 나온다. 그래도 이용 가치가 떨어진다는 인식 때문에 잘 팔리지 않는다. 이런 땅을 시세보다 50% 싸게 사면 나머지 50%의 투자금은 그만큼 공사비로 전용해 쓸 수 있다는 계산이 나온다. 50㎡(15평)는 물론 43㎡(13평)의 작은 부지에도 건물을 지을 수 있다. 요즘 유행하는 '땅콩 주택'이 좋은 예다. 일반적으로 자동차 1대의 주차 공간을 5㎡(1.5평)로 친다. 5대면 25㎡(7.5평) 정도다. 땅값과 공사비로 1억 원이 들어갔다고 쳐보자. 여기에 옥상과 테라스 정원, 1층은 게라지형 주차장으로 활용한 3층 건물을 지어 내놓으면 최소한 투자금의 3배 이상을 건질 수 있다. 이런 땅만 찾는 전문 업자들도 있다. 물론 수도권에서 이런 땅 찾기가 쉬운 건 아니다.

위의 자투리땅 모양별 등급 그림을 봐도 알 수 있는 것처럼 자투리땅에 투자할 때는 땅의 면적보다 도로 여건, 진입로, 모양 등 질적인 부분을 더욱 중요하게 고려해야 한다. 크기가 아니라 품질이 더 중요하다는 뜻이다. 작지만 고급인 외제차가 큰 버스보다 비싼 것과 마찬가지의 이유다.

05 10년이면 강산도, 아니 부동산도 변한다

은퇴 후 4~5층짜리 건물을 매입해 1~2층에는 자신만의 레스토랑을 오픈하리라 꿈꾸던 50대 남성 P씨. 신사동 가로수길 인근에 적당한 건물을 알아보던 그는 놀란 입을 다물 수 없었다. 10년 전만 해도 3.3㎡(1평)당 1200만 원 정도였던 이곳의 시세가 3.3㎡(1평)당 2억5000만 원까지 뛰어올랐기 때문이다. 가로수길의 시세가 천정부지로 뛰어오른다고 해도 설마 이 정도일 줄은 꿈에도 몰랐다고 했다.

가로수길의 열기가 인근 이면 도로인 세로수길까지 번졌다고 해 그곳의 시세도 함께 알아봤더니 역시 사정은 마찬가지였다. '가로수길이 괜히 가로수길이겠어? 그만큼 다른 층에서 거두는 월세 수입도 짭짤하겠지' 하는 생각에 그는 더 조급해지기 시작했다. 조금 빠듯하더라도 레스토랑 운영 수입에다 다른 층에서 임대 수익을 얻을 것을 따져보면 그리 손해 보는 일은 아닐 거라는 생각도 들었다.

하지만 부동산에 일가견이 있는 지인 B씨에게 자신의 계획을 얘기했더니, B씨는 펄쩍 뛰며 P씨를 말렸다. "가로수길에서 재미를 보던 사람들은 이미 그곳을 떠났다"는 설명이었다. 그러면서 "요즘 이곳에 입점한 레스토랑들도 임대료가 밀려 곤혹스러워하는 상황"이라는 말을 덧붙였다. 가로수길에서 영업 중인 개인 상인들은 월세 부담에 쫓겨 다른 곳으로 자리를 옮겼고, 심지어 대기업들도 줄줄이 허덕이고 있다는 말이었다. 그 말을 들은 P씨는 "주식 투자든 부동산 투자든 '첫차'를 타는 것이 중요하다"는 말이 번쩍 생각났다. 괜히 인기만 좇다가는 낭패를 보기 십상이겠다는 생각이 들었다.

'제2의 가로수길'로 떠오르는 성수동

P씨는 팔을 걷어붙이고 '제2의 가로수길'을 찾아보겠노라 결심했다. 전문가에게 자문한 뒤 P씨가 찾아낸 지역은 강북의 성수동. 과거 공장 지대여서 고급 레스토랑이 들어서기에는 어울리지 않는 지역이었지만, 요즘 이곳은 '포스트 가로수길'이라 불릴 정도로 부동산 투자의 핫 플레이스로 떠오르고 있다. 강북임에도 성수대교만 건너면 바로 강남과 연결되는 데다 서울숲을 중심으로 고급 아파트 단지가 들어서면서 각광받는 지역이 됐다. 특히 서울숲 바로 옆에 위치한 고급 아파트 '갤러리아포레'(사진 31)에는 김수현, 한예슬, 지드래곤, 인순이 등

31

연예계 스타들은 물론이고 재벌 2~3세도 살고 있는 것으로 알려져 있다. 덕분에 이 지역은 강북임에도 강남 못지않은 고급스러운 분위기가 조성되는 중이다.

전문가들은 현재 시세 3.3㎡(1평)당 3000만~4000만 원 정도인 이곳이 조만간 '제2의 가로수길'이 될 것으로 점치고 있다. 그뿐만 아니라 갤러리 아포레에서 '이승엽 건물'까지 이어지는 길목에 단독주택과 다가구주택이 많아 임대 수요도 풍부하다는 것이 전문가들의 견해다. 결국 P씨는 성수동에 대한 막연한 선입견을 버리고 이곳에 자신만의 레스토랑을 만들기로 결심했다. 이곳은 배우 원빈과 이시영, 권상우뿐 아니라, 프로야구 선수 송승준도 건물을 매입한 상태다.

강남에서 새롭게 떠오르는 선릉공원

주식 투자와 부동산 투자에 공통점이 있다면 남의 말만 듣고 무작정 뛰어들어서는 안 된다는 것이다. '어디가 좋다더라'는 말만 듣고 투자했다가는 남들이 재미를 보고 떠난 자리에 혼자 남겨지는 수가 있다. 주식 투자처럼 부동산 투자 역시 '대박의 첫차'를 타야 한다. 부동산 투자를 함에 있어 '선입견'은 피해야 할 위험 요인이다. 과거 성수동은 공장 지대로 사람들이 거들떠보지도 않던 지역이다. 하지만 10년이면 강산도 변하는 법. 성수동은 예전과 다른 모습으로 탈바꿈하는 중이다.

강북에서 성수동이 대세라면 강남에서는 요즘 선릉공원이 대세다. 특히 선릉공원 인근에서도 동쪽 도로는 근래 들어 통 매물이 나오지 않을 정도로 인기가 좋다. 이곳은 배우 원빈이 건물을 하나 더 매입한 상태이며, 가수 이승철의 빌딩이 있는 곳이기도 하다.

가로수길에서 세로수길로 부동산 열기가 번진 것처럼, 부동산 투자 붐이 이는 지역의 인근을 눈여겨보는 것도 좋다. 이태원의 열기가 경리단길로, 홍대 거리의 열기가 연남동 쪽으로 번지는 것도 이와 마찬가지 이치다.

06 똑똑한 세입자, 꼼꼼한 건물주 되기

이태원에 빌딩 1채를 소유하고 있는 연예인 J씨는 목 좋은 자리의 건물을 가지고 있어 성공한 부동산 투자 사례라는 평가를 받았다. 하지만 세입자와의 마찰만큼은 그도 피할 수 없었다. J씨의 건물에서 레스토랑을 운영하는 B씨는 J씨를 대신해 건물을 관리하던 J씨의 아버지와 몇 해 전 심한 말다툼을 벌였다. J씨의 아버지가 턱없이 높은 수준으로 임대료를 올리겠다고 통보했기 때문이다.

처음에는 바싹 긴장했던 B씨는 '이대로 물러날 순 없다'는 생각에 관련법을 찾아보았고 '임대차보호법'의 존재를 알게 되었다. 이 법에 따르면 건물주가 법적으로 정해진 계약 기간 동안 마음대로 세입자를 내쫓을 수 없다. 상가의 경우에는 계약 후 5년간 계약 당시 정한 임대료의 9% 이상을 인상할 수 없게 되어 있다. B씨가 법 조항을 들이밀며 따지고 들자 J씨의 아버지는 임대료 인상을 포기하고 돌아갔다는 후문이다.

임대료 인상을 둘러싼 건물주와 세입자의 갈등이 물론 J씨의 사례만은 아니다. 얼마 전에는 건물주인 재벌 3세의 '갑질' 논란이 도마 위에 오르기도 했다. 한 재벌 3세가 서울 논현동에 위치한 4층짜리 빌딩을 매입한 뒤 세입자를 내쫓기 위해 대리인을 내세워 폭언과 협박을 일삼은 사건이다. 리모델링을 이유로 해당 가게의 간판을 떼어버리기까지 했다니 세입자의 가슴앓이가 얼마나 컸을지 짐작할 만하다. 유명 중견 탤런트 K씨 역시 경리단길에 보유한 건물의 세입자들에게 퇴거를 요구했다는 소식이 전해지면서 구설에 오르기도 했다.

사실 어느 지역이 부동산 투자처로 각광받기까지는 어느 정도 상가 세입자들의 공이 크다고 볼 수 있다. 세입자가 그곳에서 가게를 운영함으로써 사람들이 '그곳에 가면 괜찮은 가게가 있다'는 것을 인식하게 된 것이고, 결과적으로는 지역의 유동인구 증가에 한몫했을 것이기 때문이다.

상점을 운영하기 위한 인테리어 비용도 만만치 않다. 정확히 수치로 따지기는 어렵지만 세입자의 이러한 공로를 고려하는 차원에서 인정해주는 것이 바로 '권리금'이다. 권리금은 계약서에는 드러나지 않기 때문에 건물주가 일방적으로 퇴거 통보를 하면 임차인의 권리금은 보호받을 수 없게 된다. 실컷 고생해 상권을 형성한 상인들이 건물주를 잘못 만나면 결국 울면서 쫓겨날 수밖에 없는 셈이다.

임대차 계약 시 특약 통해 분쟁 사전에 방지

이런 문제를 보완하기 위해 정부는 2014년 9월, 상가 세입자의 권리금을 보호하는 법 개정안을 발표했다. 하지만 임대료의 상한선과 보호 기간 등을 놓고 여야가 합의를 이루지 못해 법안의 처리가 미뤄졌다가 2015년 5월부터 권리금보호법이 시행됐다. 법안 통과가 임박했던 당시에는 건물주들의 발걸음도 빨라졌다. 법안이 통과되면 건물주의 부담이 커진다는 판단으로 일부에서 일찌감치 세입자를 털어내려는 움직임을 보인 것이다.

세입자가 재계약을 포기할 정도로 임대료를 올리거나, 세입자로부터 권리금을 포기하겠다는 각서를 받는 식이었다.

건물주와 세입자 간의 갈등을 꼭 '악덕 건물주'의 문제라고만 볼 수는 없다. 간혹 세입자가 부당하게 권리금을 높게 불러 다른 세입자의 진입을 막거나 임대료를 낼 수 없다고 버티는 경우도 있기 때문이다. 따라서 건물주는 임대차계약서를 작성할 때 특약 사항으로 '제소전 화해조서를 관할 법원에서 받기로 한다'는 조항을 넣는 것이 좋다. 이 조항은 계약 기간이 종료되거나 임대료가 연체되었을 때 별도의 소송 없이 바로 명도 집행이 가능하게 해준다. 이렇게 하면 지루한 소송 기간 때문에 골머리를 썩일 필요도 없다.

악덕 건물주를 만난 세입자라면 일단 서류들을 꼼꼼하게 챙겨두는 것이 좋다. 입주 당시 세입자 간에 작성한 권리금계약서, 지급은행 거래 내역, 철거 공사 비용 및 인테리어 비용 같은 서류다. 영수증을 챙길 때도 국세청에서 발급한 '세금계산서'가 유리하게 작용할 수 있으니 참고하자.

07 부동산 '타짜' 경계령 내려진 강남

강남의 부동산 시장을 떠들썩하게 한 악명 높은 인물이 있다. 이른바 '부동산 타짜' A씨 얘기다. 부동산 관련 사기만 10여 회에 달하며 감옥도 여러 번 다녀왔다. 들리는 소문으로는 내로라하는 기업의 오너들도 그의 사기 수법을 피해 가지 못했다고 한다. A씨는 현재 강남권에만 빌딩을 6채 이상 소유하고 있으며 여전히 '눈먼 돈'을 찾아다니고 있다고 전해진다.

그의 수법은 간단하다. 부동산을 매입할 때 계약금과 중도금까지는 착착 내놓은 후 잔금 지불 날짜를 차일피일 미루는 방법이다. 이러면 팔려는 사람 입장에선 애가 탈 수밖에 없다. 계약을 해지하고 다른 사람에게 팔면 되지 않을까? 하지만 안타깝게도 '중도금'까지 지불한 매물은 그럴 수가 없다. 계약금만 지불한 상황에서는 계약을 해지할 수 있지만 중도금까지 지불했다면 법적으로 이미 소유권의 절반이 넘어갔다고 보기 때문이다.

가령 100억 원짜리 빌딩을 매입한다고 치자. A씨는 처음 매매가의 10%인 10억 원을 계약금으로 걸고 거기에 또 10억 원을 중도금으로 낸다. 약속된 잔금 지불 날짜에 나머지 80억 원을 지불해야 하지만 "가진 돈이 없다"며 기간을 연장한다. 애가 탄 건물주는 뒤늦게 계약 해지 소송을 내지만, 약 2년의 소송 끝에 법원은 A씨에게 "잔금과 함께 이자를 지불하라"는 권고만 내릴 뿐 계약을 해지해주지는 않는다. 결국 건물주가 할 수 있는 일이라고는 A씨가 잔금을 지불할 때까지 기다리는 방법밖엔 없다.

요즘은 은행 금리에 비해 부동산 가격의 상승폭이 더 높기 때문에 이자까지 지불한다고 해도 A씨 입장에선 손해 볼 일이 없다. 소송이 진행되는 2년 동안 건물 가격은 30억 원 이상 상승한다. A씨가 80억 원의 잔금만 지불하고 나면 130억 원대의 빌딩은 A씨의 소유가 된다.

부동산 사기꾼들 득실대는 강남

한번은 이런 일도 있었다. A씨가 시가 50억 원에 달하는 역삼동 소재 건물을 25억 원에 급매로 내놓은 것이다. '절호의 기회'라고 생각한 B씨는 계약금 15억 원을 내고 부리나케 계약을 맺었다. 이후 잔금을 치르려고 다시 서류를 떼어보니 며칠 새 소유권이 다른 사람에게 넘어가 있었다. A씨가 이미 다른 사람에게 건물을 매각한 것이다. 새 건물주를 찾아가 따져 물으니, 자신이 먼저 계약했다며 계약서 한 장을 내밀었다.

부동산 사기의 피해자가 된 B씨는 부동산 이중 계약 혐의로 A씨를 구속시켰지만 "계약금은 이미 다른 데 썼다"는 통에 15억 원이라는 돈은 고스란히 날리고 말았다. 나중에 알고 보니 새 건물주는 A씨의 처남. 짜고 치는 고스톱이었던 셈이다. 하지만 그렇다 한들, 해당 빌딩이 B씨의 소유가 되지는 않는다. 서류상으로 A씨의 처남이 먼저 계약을 맺었기 때문이다.

B씨가 큰돈을 날리고 좌절하고 있을 때, 법원에서 2년형을 선고받은 A씨는 합의하자며 제안을 건넨다. "지금 가진 돈이 6억 원뿐인데, 이거라도 받고 합의하시겠습니까?" B씨는 남은 돈이라도 건져야겠다는 생각에 결

국 6억 원을 받고 합의하는 쪽을 택한다. A씨는 앉은자리에서 9억 원을 벌어들인 셈이다.

부동산 타짜들은 '눈먼 돈'을 노린다. 세입자가 있는 상가를 구입할 때는 반드시 보증금과 임대료 액수를 직접 체크해야 한다. 간혹 전체 보증금 액수를 잘못 알고 매매 계약을 체결하는 사람들이 있는데, 이런 경우 매입자가 손해를 떠안아야 한다. 가령 보증금 3억 원의 전체 세입자가 있는 상가를 7억 원에 구매했다고 하면, 이 사람은 상가 매매 대금 7억 원에 세입자의 보증금 3억 원을 승계 받고 현금 4억 원만 지불하고 상가를 인수한 것이다. 그런데 잔금 지불 후 전체 보증금이 3억 원이 아닌 5억 원으로 확인됐다. 그렇다면 상가 전 주인은 전체 세입자에게 보증금 5억 원을 받고 새 주인에게 4억 원을 받았으니 총 9억 원에 판 것이나 마찬가지다. 새 주인은 세입자의 전체 보증금을 확인하지 못한 대가로 2억 원이라는 돈이 추가로 들게 된다. 물론 법적으로는 반환 받을 수 있다. 그러나 전 주인이 돈이 없다고 잡아뗄 가능성이 클 뿐 아니라 법적 다툼으로 오랜 기간이 소요될 수 있다. 이렇듯 부동산 계약을 맺기 전에는 간과한 것이 없는지 꼼꼼히 따져봐야 한다.

08 은퇴족의 재테크 탈출구, 오피스텔 투자

금리 1%의 사상 유례없는 저금리 시대다. 전문가들은 지금이 부동산 투자의 적기라고 입을 모아 말한다. 특히 은퇴족들은 너 나 할 것 없이 임대수익을 거둘 수 있는 수익형 부동산에 눈을 돌린다. 그중에서 각광받고 있는 것이 오피스텔이다. 최근 1~2인 가구가 늘면서 관리비가 조금 비싸더라도 도심에 위치한 오피스텔에 거주하려는 사람이 많아졌다. 게다가 싱글족이나 맞벌이 부부, 노년층을 타깃으로 '아침 식사'를 제공하는 오피스텔까지 생겼다. 오피스텔의 이런 편의성 때문에 소형 아파트나 다세대 주택보다 오피스텔에 대한 관심이 늘고 있는 것이다.

하지만 소형 아파트에 비해 시설의 소모 속도가 빠르고, 시세 차익을 거두기 어렵다는 맹점은 여전히 남아 있다. 현명한 오피스텔 투자를 위해서는 투자에 앞서 반드시 따져봐야 할 몇 가지 조건이 있다. 가장 중요한 것은 도심 역세권에 위치한 물건을 찾아야 한다는 것이다. 앞서 얘기했다시피 오피스텔에 거주하는 사람들은 관리비를 조금 더 내더라도 도심 접근성이나 주거 환경이 탁월한 지역을 찾기 때문이다.

최근 여의도 국회의사당역 인근에서 10년 만에 처음으로 신규 소형 오피스텔의 분양이 시작됐다. 이 지역은 정치와 금융, 문화의 중심지로 각광받는 지역인 데다 지하철역 바로 앞에 위치해 공실의 위험이 적어 벌써부터 열기가 뜨겁다.

두 번째로 따져봐야 할 것이 바로 '한강 조망권'이다. 어느 부동산이든 '한강 조망권' 여부는 부동산 가격에 막대한 영향을 미치는 것이 사실이다. 한강 조망이 가능한 오피스텔은 시설이 노후화되었더라도 시세가 떨어지지 않는 '투자 불패'의 물건이다. 이런 물건은 가격에 프리미엄이 붙곤 하는데, 그럼에도 나오는 즉시 불티나게 팔려 나가는 것이 현실이다.

한강 조망 가능한 오피스텔은 '투자 불패'

일반적으로 오피스텔 투자는 연 5% 이상의 수익을 내야 투자 가치가 있다고 본다. 가령 2억 원짜리 오피스텔을 구매했다면 보증금 2000만 원에 월 100만 원씩은 받아야 한다는 얘기다. 하지만 문제는 오피스텔 분양 가격의 거품이다. 월 150만 원의 수익을 거둘 수 있다고 부풀려 말하고는 분양가 3억 원을 받아 챙기는 식이다. 솔깃한 투자자들은 덜컥 오피스텔을 분양 받고, 이후 월 150만 원을 낼 만한 임차인을 구해보려 하지만, 생각처럼 일이 풀리지 않는다. 결국 분양 받은 오피스텔은 공실이 되고, 관리비는 고스란히 소유주의 책임이 될 수밖에 없다. '대박'을 기대하고 산 오피스텔이 '애물단지'로 전락하는 수순이다.

이런 암울한 상황을 피하기 위해서는 광고에 나온 장밋빛 문구만을 믿고 무작정 분양받기보다 이미 1회 이상 분양이 이루어진 물건을 매입하는 것이 좋다. 투자자 입장에서는 그만큼 적정 임대료 수준을 가늠하기 쉽기 때문이다. 현명한 투자는 정확한 정보에서 출발한다는 사실을 잊지 말자.

오피스텔 투자를 자문하는 사람들이 가장 자주 하는 질문은 "같은 평수라고 하는 소형 아파트와 오피스텔을 직접 봤더니 오피스텔이 훨씬 좁아 보인다"는 얘기다. 이것은 아파트와 오피스텔의 분양가 계산 방식이 다른 데서 기인한다. 아파트는 공급면적(주거 전용+주거 공용)을 기준으로 분양가를 신정하지만, 오피스텔은 계약면적(전용+공용+기타 공용)을 기준으로 분양가를 계산한다. 즉 오피스텔의 분양가에는 주차장이나 관리실, 기계실 등도 포함돼 있어 상대적으로 아파트에 비해 '전용률'이 낮을 수밖에 없다. 무작정 오피스텔 투자에 뛰어들기보다 투자의 장단점을 미리 파악한 후 본격적으로 물건을 찾는 것이 현명하다.

09 두껍아 두껍아, 헌 집 줄게 새집 다오

부동산으로 재테크를 하는 사람들은 흔히 세 부류로 나뉜다. 투자에 실패해 쪽박을 차는 케이스, 본전치기라도 하는 케이스, 마지막으로 마침내 대박을 터뜨린 케이스다. 이들 중 투자만 했다 하면 실패하는 사람들의 특징을 살펴보자.

이들은 대개 시장에 대한 분석이 부족해 실수를 하거나, 반대로 여기저기서 들은 과다한 정보에 발목 잡혀 잘못된 결정을 내리기도 한다. 게다가 요즘은 많은 사람들이 제대로 된 준비 없이 방송이나 인터넷에서 '~카더라' 하는 말만 믿고 움직이는 실정이다. 30~40대 젊은 사람들이야 실패하더라도 회복할 수 있는 기회가 많지만, 은퇴 후 꾸준한 수입원을 목적으로 부동산 재테크에 도전하는 50~60대라면 투자에 더욱 신중을 기해야 한다. 안정적으로 수익을 올릴 수 있는 부동산 투자 방법 중 최근 각광받는 것이 바로 리모델링이다.

다세대주택의 대변신

서울 은평구에 사는 50대 가정주부 K씨. 그녀는 서울 도봉구 창동에 노후한 지하 1층~지상 3층의 다세대주택을 보유하고 있었다. 그런데 수십 년간 자신의 명의로 된 주택이라 매매할 경우 엄청난 액수의 양도세를 내야 하는 상황이었다.

문제 해결을 위해 분석한 결과 예전에는 이 필지가 전형적인 주택가였지만, 현재는 상권이 이동해 주변에 각종 상가와 사무실이 자리 잡고 있다는 사실을 알게 됐다. 건축법상 다세대주택을 상가나 사무실로 용도를 변경하는 일은 비교적 간단하다. 그녀는 1억5000만 원을 들여 간단한 리모델링 공사를 한 뒤 주택을 상가로 개조했다. 원래 전세 7억 원짜리 다세대주택이 현재는 보증금 2억 원에 월세 400만 원짜리 상가로 변신했다. 짭짤한 수익을 올리고 있음은 당연하다.

오래된 단독주택의 변신

잠실에 사는 40대 부부는 5억~6억 원대 선에서 투자할 만한 곳을 찾고 있었다. 그들의 마음을 사로잡은 곳은 서울숲 인근의 성수동. 하지만 이 동네는 개발제한구역으로 신축이 불가했다. 대신 현재 건축 면적 이내에서 리모델링이 가능하다는 사실을 알고, 지하 1층~지상 2층의 노후한 단독주택을 매입해 예쁜 레스토랑으로 개조했다. 매입 당시 월세는 30만 원이 고작이었으나 현재는 보증금 1억 원에 월세 450만 원을 받고 있다.

리모델링 절차 및 주의 사항

기존 부동산 보유자의 경우 건축사 사무소에 건물 개조를 의뢰한 뒤 건물 도면을 가지고 리모델링 업체를 최소 3~4곳 이상 찾아 의뢰해야 한다. 이

후 마음에 드는 리모델링 회사를 찾으면 반드시 현장으로 직접 불러 실력을 평가해보기를 권한다. 최종 업체를 선정하면 계약금부터 5회에 나눠 대금을 지불하면 된다.

신규 건물을 매입한 뒤 리모델링하거나 신축할 때는 부동산을 매입하기 전에 건축사 사무소에 증축 및 신축을 할 수 있는지 여부를 꼭 확인해봐야 한다. 그다음 임차인 명도에 대한 계약 만기일을 체크한 뒤 부동산 매매 계약을 완료한다. 건축 인허가를 받기까지 2~3개월 정도 소요되므로, 잔금 지불 후 공백을 없애기 위해 부동산 계약 직후에 리모델링이나 신축 설계를 의뢰하는 게 좋다.

10 '역마살'이 끼어야 성공한다

'역마살'이란 '한곳에 머물러 있지 못하고 떠돌아다니게 된 액운'이라는 뜻이다. 한데 그 역마살이 부동산 투자에서는 중요한 덕목(?) 중 하나다. 대부분의 사람들에게 부동산에 투자하려는 이유를 물으면 "신문, 방송 등 언론에서 꼼꼼히 정보를 입수하고 투자했다" "지인이 인근에 투자를 해서 큰 돈을 벌었다"라는 식의 의외로 허술한 답이 돌아온다. 위험하고 무책임한 투자다. 신문을 통해 꼼꼼히 정보를 입수한다 해봤자 그것은 활자에 불과하다. 지인이 큰돈을 벌었다고 해서 나 역시 벌라는 법 없고, 투자 시기도 이미 뒤처졌다. 자산의 큰 부분을 투자해야 하는 부동산 투자를 지인이나 신문에 의존한다는 건 정말 말도 안 된다. 부동산 투자의 기본은 꾸준한 현장 답사다. 한두 번 가보고 '느낌이 좋다'며 계약하는 것보다 아침, 점심, 저녁, 맑은 날, 비 오는 날, 추운 날, 더운 날 등 수시로 그 지역을 답사하는 끈기와 노력이 필요하다. 즉 역마살 낀 사람처럼 현장을 자주 방문할수록 투자에 실패할 확률은 감소한다는 의미다. 부지런을 떤 만큼 결과는 달라진다. 잘 아는 지역에 투자하라는 말도 그런 이유에서다.

현장 조사 10번은 족히 넘어야 한다

서울 서대문구 창천동에 살고 있는 50대 여성 K씨는 오랜 공무원 생활을 하다가 퇴직해 토지 분양 사무실에 근무하고 있었다. 2018년 동계올림픽 특수로 강원도 평창 지역 부동산이 그야말로 '대박' 날 거라는 남편 친구의 말을 철석같이 믿고, 현장을 딱 한 번 방문한 후 임야 9,900㎡(3000평, 3.3㎡(1평)당 20만 원)를 6억 원에 매입했다.

그렇게 몇 년이 지나고 자녀 결혼 자금이 필요해 땅을 팔기 위해 평창의 한 부동산을 찾은 그녀는 아연실색할 수밖에 없었다. 해당 임야는 바로 그린벨트, 즉 보전녹지이며 지대가 높고 돌산이라서 매매 자체가 어렵고, 이전 임야 주인도 15년 동안 팔리지 않아 엄청 고생을 했다는 것이다. 지금은 K씨가 산 금액의 반(3억 원)에 내놓아도 팔리지 않고 사갈 사람도 없다는 말도 이어졌다. 누구에게 하소연해도 변치 않는 사실은 K씨가 6억 원에 임야를 샀고, 현재는 3억 원에도 팔기 어렵다는 것이며 이는 법적으로도 아무런 문제가 없다는 사실이다.

K씨가 투자에 실패한 이유를 정리해보자. 먼저 지인의 말에 의존했다는 점이다. 부동산 투자는 내 돈으로 내가 쪽박을 차고 내가 대박을 내는 일이다. 지인은 제삼자에 불과하다. 또한 현장을 재차 방문하고 몇몇 건축사 사무실을 통해 개발 행위가 가능한지 꼼꼼히 따져보는 것이 기본 매뉴얼이다. 부동산 중개소에 들러 인근 시세와 임야에 대한 평가도 받아야 한다. 대부분의 부동산 중개소는 고객에게 친절하다. 서너 군데만 들러도 임야에 대한 '진실'을 쉽게 알 수 있다.

지방의 한 특정 지역 지자체가 동계올림픽이 열리는 16일간을 위해 인근 지역까지 개발하기는 사실상 어렵다. 지역 발전은 자체 기반 시설이 꼭 필요한데, 관광이란 하나의 이유만으로 시행하는 개발의 결과는 비참하다는 뜻이다. 투자 지역이 어디든 현장을 10번 이상 방문하는 것은 부동산 투자의 기본이다. 신문도 좋고 지인의 추천도 좋다. 하지만 결과는 어쨌든 자신이 오롯이 감당해야 한다. 투자할 돈은 소중한 내 자산이 아니던가.

11 성공을 약속하는 '부동산 투자 7계명'

1. 혐오 시설(축사 · 매립지 등)을 노려라

투자하고 싶은 부동산이 있으면 해당 물건만 집중해서 보는 게 아니라 그 주변과 배경을 돌아봐야 한다. 이는 마치 사람 됨됨이를 볼 때 부모나 형제를 살피는 것과 마찬가지다. 만약 내가 투자하려는 땅에 매립지나 축사 같은 이른바 혐오 시설이 있다면 어떨까? 선뜻 투자에 나서기 꺼려지는 것이 인지상정이다. 그런데 반대로 그런 시설 덕에 가격이 싸다는 장점도 고려해야 한다. 또 한 번 축사로 있던 자리라고 해서 영원히 축사로 있는 것도 아니다. 영원히 양계장, 고추밭이 아니다. 부동산은 언제든 성형이 가능하다는 점을 명심해야 한다.

난지도를 기억하는가? 1970년대에 만들어진 수도권 지역의 대표적인 쓰레기 매립지였다. 지금은 난지도가 있던 자리가 아예 사라지고 상암동이 됐다. 혐오 시설 중에서도 갑으로 꼽히는 것이 바로 매립지다. 그런데 이런 매립지를 사용하는 기간은 일반적으로 15~20년 정도로 정해져 있다. 바꿔 말하면 언젠가는 매립지가 아닌 그 이후의 무엇인가로 변신한다는 뜻이다. 현재 난지도는 상암동 월드컵공원으로 그 모습이 완전히 바뀌었다.

난지도 인근에 땅을 가지고 있던 사람들을 생각해보자. 그 시절 땅값은 3.3㎡(1평)당 20만~30만 원 수준에 불과했다. 대개 특정 지역에 혐오 시설을 짓겠다는 발표가 나면 땅값이 하락하게 마련이다. 이후 공사가 시작되고 본격적인 시설이 들어서면 2차 하락이 이어진다. 그렇게 10년 정도까지 가면 땅값은 완전히 바닥으로 떨어진다. 그런데 10년이면 앞으로 있을 개발까지 최소로 쳐도 절반은 지난 상태다. 현재 상암동의 땅값은 3.3㎡(1평)당 4500~5000만 원 수준이다. 과거에는 30만 원에 팔아도 안 사던 땅이었는데 말이다.

그 시절에 투자를 문의하는 고객에게 "난지도 땅을 사라"고 권하면 사기꾼 소리를 듣곤 했다. 하지만 이미 1990년대부터 상암동과 모래내 일대를 유심히 지켜봤던 사람들이 있었다. 일반적으로 매립지의 경우 대부분 공원, 즉 녹지로 개발되는 경우가 많다.

아무도 거들떠보지 않는 축사에 투자해 성공한 사례도 있다. 평소 골프를 워낙 좋아하던 L씨는 경기도 안성의 한 양계장이 2억6000만 원에 매물로 나왔다는 얘기를 들었다. 양계장 주인, 즉 땅 주인이 급한 일로 현금이 필요했던 것. 그런데 평생 닭 키우는 일만 해온 양계장 주인은 땅을 팔고 나서도 계속해서 양계장을 운영하고 싶어 했다. 빌딩으로 치면 '세일 앤 리스백(매도 후 임대로 들어가기)'이다. 이런 사정을 들은 L씨는 2억6000만 원을 2억 원으로 깎아주면 양계장을 계속해서 임대해주겠다고 제안했다. 양계장 주인 입장에선 다른 지역으로 옮길 일이 없으니 설비 비용도 안 들고, 매수인이 양계장을 할 것도 아니기에 괜찮은 조건이었다.

결국 L씨가 제안한 대로 2억 원을 받고 땅을 판 양계장 주인은 다시 보증금 2000만 원, 월세 80만 원을 내는 임대로 들어갔다. L씨 입장에서는 원래 부르던 가격에서 6000만 원을 깎고, 여기에 보증금 2000만 원을 받았으니, 1억8000만 원에 사들인 셈이었다. 여기에 월세 80만 원은 덤이었다.

그렇게 3년이 지나자 L씨가 양계장을 사들인 이유가 드러났다. L씨는 이미 양계장을 사들이기로 했던 3년 전에 축사에서 120m밖에 떨어지지 않은 곳에서 골프장 인허가가 진행되고 있다는 정보를 알고 있었던 것이다. 해당 지자체에 문의하면 전국의 골프장 허가 접수 리스트를 쉽게 확인할 수 있다.

L씨 땅(양계장) 옆의 골프장도 공사를 끝내고 영업을 개시했다. 골프장 관계자들은 소, 돼지가 우는 소리보다 닭 우는 소리가 멀리 간다는 걸 미처 알지 못했다. 무엇보다 바람을 타고 밀려드는 악취가 심했다. 한창 골프를 치고 있는데 닭똥 냄새가 코를 찌르고 닭 울음소리가 들려온다고 상상해보자. 골프 칠 맛이 날까?

결국 골프장 측은 L씨의 양계장을 사들인 후 그 자리에 직원 숙소를 지었다. 이런 경우는 '알박기'로 볼 수도 없다. 이것이 바로 앞서 말한 역마살, 발품, 지략의 결과물이다. 만약 원래 양계장 주인이 계속 땅 주인이었다면 어떠했을까? 모르면 몰라도 절대 골프장에 자기 땅을 양도하지 않았을 것이다. 별의별 짓을 다 해도 땅을 넘기지 않는 토박이들이 의외로 많다. 목돈을 챙겨봤자 할 수 있는 일이리곤 돼지와 닭 키우는 것이니, 그 일을 계속하는 수밖에 없다는 게 이런 사람들의 주장이다. 이런 경우는 법적으로, 도의적으로도 골프장에 아무 명분이 없는 게 사실이다. 그나저나 L씨는 양계장을 얼마에 팔았을까? 8억6000만 원에 주중 회원권까지 받아냈다.

2. 차량 정체가 심한 지역을 노려라

일반적으로 차량 정체가 심한 곳은 부동산 가치가 떨어진다고 보는 경우가 많다. 원활하게 뻥뻥 뚫리는 도로가 살기도 편하고 대기오염도 적으니 이런 분석이 아예 틀린 것은 아니다. 그런데 실제로 살아보면 자동차들이 쌩쌩 달리는 지역이라고 해서 무조건 인기가 있는 것도 아니다. 주변에 무엇이 있는지도 모르고 무조건 달리는 게 마냥 좋은 것만은 아니기 때문이다.

신도시 중에서도 유독 교통 상황이 복잡한 지역이 있다. 대표적인 곳이 용인 수지이다. 이 지역은 15년 전만 해도 차가 안 막힌다고 아파트 계약에 나서는 사람이 많았을 정도였다. 그런데 얼마 전까지는 서울로 출근하기 위해 아파트 앞에서만 40분이나 갇혀 있었다는 하소연들이 쏟아지고는 했다.

교통 정체가 심해지고 나서 수지의 땅값이 떨어졌을까? 그렇지 않다. 오히려 이런 지역을 골라 역발상 투자를 하는 사람들이 성공하는 경우가 의외로 많다. 일단 도로가 막히기 시작하면 해당 지자체에 민원이 빗발치기 시작한다. 주민들의 투표로 뽑히는 자치단체장 입장에서 이런 민원을 그대로 방치하기는 어렵다. 결국 우회로 건설에 나서게 된다. 용인 같은 수도권만 해도 논이나 밭, 산이 많다. 즉 새로운 도로를 뚫을 수 있는 여건이 갖춰져 있다는 뜻이다. 반면 서울은 이런 우회도로를 만들기가 쉽지 않다. 서울시 안에 대형 신도시를 건설하지 못하는 이유다.

교통이 복잡한 지역은 일반적인 예상대로 아파트나 상가 가격이 하락하게 마련이다. 그런데 이때 바닥을 친 비인기 지역의 아파트를 사들였다고 쳐보자. 인근에 외곽도로가 뚫리면서 정체가 풀리기 시작하면 아파트값은 당연히 오름세를 탈 수밖에 없다. 그러니 차가 막히려면 아예 꽉 막힌 지역이 낫다. 면적이나 세대수, 향, 위치 등은 누구나 볼 수 있는 투자 요건이다. 일반인들은 도로가 막히는 것을 단점으로만 생각하기 쉽다. 차가 막힌다는 사실 하나 때문에 지역의 진정한 가치를 간과하기 쉽다는 말이다.

수지는 헌릉로(용인-서울 고속도로)가 새로 뚫리고, 국도까지 연결되면서 교통 정체가 상당 부분 해결됐다. 판교와 연결되는 좁은 도로도 확장됐다. 또 우회로를 만들어 출퇴근 전용 도로를 만들고, 기존 도로는 생활권 도로로 따로 구분돼 이용되고 있다. 아파트 시세도 많이 올랐다.

3. 화단, 가꾸지만 말고 사라

평소 투자용 부동산에 관심이 많던 40대 남성 A씨. 소형 아파트나 상가를 사고 싶었지만 그러기에는 종잣돈이 부족했다. 그런 그가 눈길을 돌린 부동산 상품이 있었으니, 바로 빌라 단지의 동과 동 사이에 있는 36㎡(11평)짜리 화단이었다. 날이 맑게 갠 날이면 빌라 주민들이 빨래를 널거나 노인들의 쉼터 정도로 이용되던 곳이었다. 그가 이 화단을 사는 데 들인 돈은 단돈 280만 원. A씨는 대체 왜 무용지물처럼 보이던 화단을 사들인 걸까?

A씨가 주목한 것은 바로 '대지지분'이었다. 대지지분은 평소에는 큰 힘을 발휘하지 않지만, 재건축 이야기가 나오면 상황이 달라진다. 대지지분의 크기에 따라 재건축한 건물의 지분이 결정되기 때문이다. 수십 년 전부터 청담동의 낡은 연립주택에 거주하던 유명 연예인 J씨가 100억 원을 호가하는 고급 빌라의 주인이 될 수 있었던 것도 바로 이 대지지분 덕분이었다.

아파트나 다세대주택처럼 한 건물에 대해 여러 사람이 소유권을 가지고 있는 경우, 면적(평형)에 따라 각 소유권자들이 대지지분도 나눠 가지게 된다. 따라서 층수가 낮은 건물일수록 한 사람이 갖게 되는 대지지분도 커진다. 재건축 시장에서 고층의 압구정 현대아파트보다 저층의 개포 주공아파트나 가락 시영아파트가 더 인기인 것도 이런 이유에서다.

A씨도 이런 대지지분의 힘을 노렸다. 36㎡(11평)짜리 작은 화단에 불과했지만, 바로 옆 3개 층으로 이루어진 109㎡(33평)짜리 빌라 1채를 소유한 것과 동일한 대지지분을 갖고 있었던 것이다. 만일 이 구역이 재건축되면 280만 원짜리 화단이 1억 원짜리 빌라와 동일한 효력을 지니게 되는 셈이었다.

부동산에 대해 일가견이 있는 사람들은 어린 자녀의 명의로 이런 알짜배기 소액 부동산을 매입하곤 한다. 현행법상 5000만 원 미만까지 상속세를 내지 않아도 되기 때문이다. 소액 부동산을 자녀 명의로 사두면 상속세 절감뿐만 아니라 훗날 집 1채를 물려주는 것과 동일한 효과를 볼 수 있다. 요즘은 돈 좀 있는 할아버지, 할머니들이 유치원생 손자의 명의로 이런 부동산을 매입하곤 한다. 아이가 결혼할 때쯤 되면 해당 부동산의 가치가 크게 증가할 거라는 기대 때문이다.

보통 부동산 투자라고 하면 작은 평수라도 주택, 즉 아파트를 선호하는 경향이 있다. 하지만 대지지분이 지닌 막강한 효력을 아는 사람들은 낡아서 아무도 관심 갖지 않는 주택, 혹은 무용지물처럼 보이는 화단에 눈을 돌린다. 물론 아파트는 은행에서 대출 받기도 쉽고 상대적으로 관리하기도 쉽다. 하지만 프로급 소액 투자자들은 아파트 대신 전세를 낀 낡은 연립주택을 사들이는 경우가 많다. 이러면 3000만~5000만 원 정도의 소자본만으로도 내 명의의 집을 1채 장만할 수 있다. '혹시라도 세입자가 나가 보증금을 돌려주어야 하면 어떻게 하나' 걱정하지만 실제로 그런 경우는 극히 드물다.

부동산 소액 투자를 계획 중이라면 대출은 전체 투자금의 30% 이하로 받아 재개발 가능성이 있는 지역의 매물을 선택하는 것이 좋다. 요즘 괜찮은 투자처로는 서울 관악구가 꼽힌다. 관악구 일대는 지하철 2호선으로 강남역까지 10분에 닿을 수 있어 강남 생활권을 충분히 소화할 수 있는 지역이다. 그만큼 투자 가치도 높으며 재개발 이슈가 가장 빠른 속도로 진행되는 곳이다.

4. 도로, 다니지만 말고 사라

화단이 경매에 나오는 경우는 없다. 은행에서 담보 가치로 인정해주기 어렵기 때문이다. 하지만 공매는 다르다. 국세청이나 관할 세무서에서 세금 추징을 위해 무조건 처분해야 하는 물건이라 온갖 특이한 매물이 많다. 도로도 그런 매물 중 하나다.

빌딩이나 아파트, 단독주택, 토지 같은 상품은 몰라도 도로가 부동산 투자 목록에 낄 수 있다는 사실을 아는 사람은 많지 않다. 심지어 도로는 개인이 살 수 없다고 생각하는 경우도 많다. 내 명의의 도로를 가지고 있다 해서 말뚝을 박거나 사람들이 다니지 못하게 할 수는 없다. 법으로 그렇게 돼 있다. 그렇지만 도로를 내 명의로 사들이는 것은 얼마든지 가능하다.

어떤 지역이 재개발에 들어가면 기존의 토지 이용 계획은 완전히 무시된다. 건물과 도로로 구분되어 있던 기존 구역을 지우개로 말끔히 지워버린 후 새로 그린다고 생각하면 이해가 쉽다. 땅 하나만 예전 그대로이지 나머지 도시계획을 완전히 새로 짜는 것이다. 그러니 한 번 도로라고 해서 영원히 도로로 남는 법은 없다.

도로는 화단과 더불어 소액을 가지고 목돈을 만드는 지름길이다. 특정 지역의 재개발이 시작되면 땅 주인이 의뢰한 감정가, 개발에 나선 시행사가 의뢰한 감정가, 마지막으로 지자체가 의뢰한 감정가의 평균치를 계산해 보상금의 가치를 계산한다. 어떤 감정가이든 기본적으로 기존 시세의 5배는 오르게 마련이다. 도로라고 해서 예외가 아니다. 보상을 돈으로 받을까,

조금 더 보태 아파트나 상가 같은 대물로 받을까만 고민하면 그만이다.

유의할 점도 물론 있다. 개발이란 것이 최소한 5~10년을 봐야 하는 장기 투자다. 그러니 도시 정비가 이미 잘 돼 있는 곳의 도로를 사는 건 아무 의미가 없다. 즉 강남구나 서초구의 도로를 사면 안 된다는 뜻이다. 달동네나 낙후된 지역의 도로라면 훌륭한 투자 상품이 될 수 있다.

5. 세금을 모르면 폭탄 맞는다

"평범한 서민이 집 1채 산다는데 국세청이 관심이나 있겠어?" 부동산 투자를 계획 중인 사람이라면 반드시 피해야 할 생각이다. 특히 세금 문제에 대해 어두운 가정주부들이 이런 생각으로 투자에 나섰다가 예상치 못한 낭패를 보는 경우가 많다. 증빙하지 못하는, 즉 출처를 증명할 수 없는 돈을 투자했다가 세무 당국의 표적이 되는 것이다. 예를 들어 5억 원짜리 아파트를 3억 원은 내 돈으로, 2억 원은 대출을 받아 장만했다고 가정해보자. 만약 세무 당국이 내 돈 3억 원에 대해 조사에 나선다면 반드시 자금의 출처, 즉 이 돈을 통장에 어떻게 모았는지를 증명해야 한다. 일단 세무조사가 시작되면 대충 끝나는 법은 없다. 가족과 지인, 회사까지 탈탈 터는 게 세무 당국이다. 그렇게 결국은 항복을 받아내는 것이다.

집 하나 장만하는데 웬 세무조사냐고 할 수 있지만, 원래는 일일이 이런 조사가 이뤄져야 하는 게 원칙이다. 다만 현실적으로 인력이 부족하기에 전수 조사가 불가능할 뿐이다. 그러니 무작위 선정과 조사가 이뤄질 수밖에 없는데, 실제로는 투서 위주로 세무조사가 진행되곤 한다. 너무 짧은 시간에 사고파는 행위가 많이 이뤄졌다거나, 오너가 있는 법인 등은 요주의 감시 대상이다.

한번 시작된 세무조사는 절대 허투루 끝나지 않는다. 제일 먼저 통장을 확인하고, 그다음 다운 계약서 작성을 점검하고, 통장 외에 주고받은 것은 없는지 확인하다. 세무 투서, 탈세 투서는 보상금도 꽤 크다. 우리나라 사람들은 세금 미납이 도둑질이 아니라고 생각하는 경향이 있다. 반대로 국세청은 나라의 돈을 갈취하고 빼돌렸다고 판단한다. 인식의 차이가 크다. 그렇기에 몇 시간 수사나 조사를 받고 나면 99%가 항복하게 마련이다.

이런 사태를 방지하기 위해서는 계약 전부터 똑똑한 전담 세무사 등 각 분야의 전문가들을 꼭 끼고 일을 진행해야 한다. 3억 원을 증빙하기 어렵다면 차라리 내 돈 2억 원에 은행 대출 1억 원을 더 받는 게 낫다. 예전에는 자필로 쓰는 세금계산서가 많았지만, 요즘은 전자 세금계산서가 대부분이어서 바로 국세청에 통보된다. 빼려야 뺄 수가 없다. 통장을 없앤다고 기록이 완전히 삭제되는 것도 아니다.

6. 위성사진을 백분 활용하라

자투리땅을 찾는 가장 좋은 방법이 바로 위성사진이다. 요즘은 인터넷에 접속만 하면 위성사진을 쉽게 찾아볼 수 있다. 항공기에서 내려다보면 땅 모양이 있는 그대로 드러난다. 실제로 위성사진을 통해 특정 지역을 검색해보면 일반 지도나 '거리뷰'와는 확연히 다른 느낌을 받을 수 있다. 위성사진으로 보면 건물에 가려져 땅 모양이 예쁘지 않은 곳들이 그대로 드러난다. 일반적으로 도로와 면한 폭이 넓은 땅을 모양이 예쁜 땅으로 친다.

모양이 별로인 자투리땅을 찾아냈다면 용도에 맞는 건물을 세우는 게 관건이다. 예를 들어 원룸 같은 주택을 생각해보자. 이런 곳은 상대적으로 개발이 어려운 지역, 즉 상가 등이 없는 조용한 지역일 가능성이 크다. 이런 곳에 살기 편하고 조용한 주택을 짓는다면 그만큼 수요가 커진다.

구글이나 네이버, 다음 등 포털 사이트에서 위성사진으로 보면 땅 모양

위성사진을 활용해 자투리땅 찾기

지도 출처 : Daum 지도

이 희한한 곳들이 있다. 평지에서 보면 잘 모른다. 최근에는 3D 입체 사진으로도 확인이 가능하다. 인터넷과 IT 기술의 발전 덕에 예전보다 발품을 조금 덜 팔면서도 효율적으로 알아볼 수 있는 길이 열렸다.

부동산 고수들은 일반 투자자들처럼 중개인을 찾아가 "이 가격에 나온 다가구주택을 찾아달라"는 식의 방법은 쓰지 않는다. 그렇게 하면 팔려고 내놓은 물건만 소개받을 수밖에 없다. 이보다는 투자자 자신이 직접 좋은 물건을 알아보고 찍어야 한다. 수십 곳의 중개소에 들러 발품을 파느니, 오히려 내가 중개인에게 일거리를 던져주는 방식이다.

프로들은 오히려 자기가 점찍은 땅의 번지수를 들고 중개인을 찾아간다. 주인이 팔려고 내놓은 땅도 아니다. 지역, 면적, 땅 모양, 예산, 신축 건물의 용도 등에 대한 계획을 미리 세우고, 이에 맞는 물건이 있으면 사는 식이다. 중개소에 나온 물건 중 내 맘에 딱 들어맞는 물건을 찾기란 하늘의 별 따기다. 그러니 좋은 상품이 될 수가 없다. "ㅇㅇ동 ㅇㅇ번지를 3.3㎡(1평)당 얼마에 팔면 사겠다"고 먼저 제안하는 게 프로다. 중개인 입장에선 일거리를 들고 찾아왔으니 감사할 따름이다.

7. 오래된 간판이 있는 가게에 들러라

인근 시세는 대부분 동네 부동산에 알아보는 게 일반적인 방법이다. 개발 호재에 대해서도 부동산 중개인의 얘기만 듣고 투자 결정을 내린다. 그런데 부동산 중개소도 해당 지역에서 몇 년이나 있었던 곳인지가 중요하다. 얼마 전 자격증을 딴 초보인지, 오랫동안 해당 지역에 살아온 원주민인지를 파악해야 한다. 그 지역에서 태어나서 학교를 다니고, 저 건물이 누구의 것인지 다 아는 중개인이 진짜 고수다. 중개인 치고 자기 동네 안 좋다고 말하는 사람은 없다. 중개인들 이야기만 들으면 전국이 노다지 땅이다.

그 지역을 더 잘 아는 것은 중개인보다는 동네에서 오래 산 주민이다. 특히 시장의 민심을 파악하는 것이 좋다. 먼저 시장이나 상권의 간판 색깔을 보자. 오래되어 전화번호 하나쯤 떨어진 간판이 분명히 있다. 이런 곳은 기본적으로 30~40년간 한자리에서 영업한 가게다. 만약 장사 경력이 30년이라면 "30년 전에 이 동네가 어땠는지" 변천사를 슬쩍 물으면 그만이다. "단독주택 1채 사려는데 이 동네가 어떻느냐"고 묻는 것은 금물. 대신 "이 동네에 전세 오려는데 30년 전에는 어땠느냐"고 물으면 그 지역에 대한 개괄이 죽 나온다.

동네의 변천사를 듣고 있노라면 해당 지역과 인근의 미래 전망도 가늠하기가 쉬워진다. 오래 장사한 사람의 말도 무조건 정답은 아니다. 그러나 그가 동네를 제일 잘 아는 사람인 것은 분명하다. "우리 삼촌이 이 동네에 원룸을 지으려 하는데, 임대나 나가겠어요?" 하고 물으면 된다. "거기 지어봐야 턱도 없다"는 등 솔직한 조언이 나오기 쉽다. 하지만 부동산 중개인은 무조건 "OK"를 외칠 것이다.

12 고수의 부동산 투자 – 실전 편

부동산 투자를 계획하는 사람들이 가장 많이 하는 질문이 "투자에 성공할 만한 지역이 어디인가"이다. 결론부터 말하면 모든 조건을 충족하는 지역은 없다. 투자자가 원하는 조건을 100% 만족시킬 수 없다면 전문가의 의견을 참고하도록 하자. 여기에 투자자 자신의 소신이 더해져야만 비로소 성공적인 부동산 투자가 가능하다. 최근 강남권에 투자하고자 하는 이들이 늘고 있는데, 이들이 원하는 조건은 다음과 같다.

첫째, 지하철 역세권이어야 한다. 둘째, 깨끗한 건물이어야 한다. 셋째, 유동인구가 많아야 한다. 넷째, 긍정적으로 인식되는 업종의 세입자가 입주한 건물이어야 한다. 다섯째, 환금성이 좋아야 한다. 여섯째, 공실 걱정 없이 임대율이 높은 건물이어야 한다. 일곱째, 가격이 많이 오를 지역에 있는 건물이어야 한다.

위의 조건이 모두 충족되는 강남 빌딩을 매입하려면 적어도 100억 원 이상이 필요하다. 소규모 투자자에게는 부담스러울 수밖에 없는 금액이다. 자본금이 10억 원 미만이라면 위의 7가지 조건 중 5개는 포기해야 한다. 그럼 무엇을 포기하는 것이 올바른 선택일까? 아래 내용을 참고하자.

첫째, 강남구에는 지하철역이 총 38개로, 서울에서 가장 많다. 즉 굳이 역세권을 고집할 필요가 없다는 뜻이다. 둘째, 새 차를 3년 타면 차 가격이 절반으로 떨어지는데 건물도 마찬가지다. 어차피 시간이 지나면 노후해 가치가 떨어지게 마련이다. 이런 건물을 큰돈을 주고 살 필요는 없다. 셋째, 유동인구가 많은 강남 지역의 빌딩을 매입하고자 한다면 예산을 50억 원 넘게 책정해야 한다. 넷째, 세입자의 업종 변경은 충분히 가능하니 기존에 입주한 세입자의 업종이 부정적인 이미지라도 크게 상관은 없다. 다섯째, 공실이 많아 임대료가 적게 나와도 매입해야 할 건물이 있다. 현재 건물주가 임대를 등한시해 공실 때문에 시세보다 싸게 건물을 내놓은 경우가 있기 때문이다. 이럴 때는 적은 임대료를 감수하고라도 매입해야 한다.

강남 빌딩 매입 시 포기하지 말아야 하는 두 가지는 환금성과 발전 가능성이다. 가장 중요한 건 환금성이 좋은 건물을 사야 한다는 것. 추후 목돈이 필요할 때 빨리 현금화할 수 있어야 하기 때문이다. 매매 성공률이 높은 강남의 건물은 이런 점에서 선호도가 높다. 또 향후 발전 가능성이 높은 지역에 있는 건물은 시세가 오를 가능성이 크므로 여유 자금이 있다면 사두도록 하자. 강남은 수익이 보장된다는 장점이 있기 때문에 부동산 투자자들이 항상 눈독을 들이는 지역이다. 적절한 부동산을 매입할 수 있는 절호의 기회가 오면 놓치지 말자.

부동산 혼란기, 궁금한 6가지

1. 앞으로 부동산 시장은 어떻게 될까?

예전에는 신혼부부들이 월세로 시작해 조금씩 돈을 모아 전세를 얻고, 그 다음에 내 집 마련을 하는 식으로 집을 샀다. 전세 자금을 마련하거나 주택 구입 시 부족한 돈은 은행에서 대출을 받았다. 하지만 최근 1%대의 저금리로 인해 집주인들은 전세보다 월세를 놓는 게 낫다고 생각하고 있다. 따라서 앞으로 주택 임대 시장은 전세에서 월세로 빠르게 전환될 것이다. 이제 월세 시대가 열렸다고 봐야 한다.

2. 투자처로 어느 지역이 유망한가?

서울의 중심(서울시청 기준)인 한강 줄기를 따라 동남쪽으로는 하남 미사지구, 동북쪽으로는 다산 진건·지금지구, 남쪽으로는 동탄 2지구, 서쪽으로는 김포 검단지구를 눈여겨보자.

3 어떤 부동산 상품을 사야 할까?

당장 수익이 많이 나오는 상가나 오피스텔, 레지던스, 호텔 같은 부동산보다는 지금 당장의 수익률은 저조하더라도 미래 가격 상승이 보장되는 대지(단독주택, 다가구주택, 주차장, 화단, 도로 부지)에 투자하는 게 좋다. 대지는 지가 상승폭이 높고 추후 다양한 용도(상가건물, 빌딩 등)로 활용이 가능해 투자용으로는 최고의 상품이라고 할 수 있다.

4. 대출금 비율은 매매 대금 중 몇 %가 적절할까?

은행 금리가 연 5% 이상일 경우 매매 대금의 30% 이내(연 4% 이상일 때 40%, 연 3% 이상일 때 50%)가 적절한 대출금 비율이다.

5. 현재 가지고 있는 아파트는 어떻게 해야 할까?

아파트는 지역에 따라 편차가 크다. 하지만 아파트 소유자라면 자신이 처음 아파트를 산 시점부터 지금까지 가격 상승폭을 꼼꼼히 비교해보자. 이때 가격이 하락했거나, 최초 가격과 다름없거나, 5% 이내로밖에 값이 오르지 않았다면 과감히 팔아버리는 용단이 필요하다. 대신 자신의 예산에 맞는 다른 상품에 투자하는 것이 낫다.

6. 지금 아파트를 사야 하나?

통계에 따르면 2015년 11월부터 전국 아파트 가격이 조금씩 하락하기 시작했다. 또 전국적으로 공급을 앞둔 아파트 물량이 내년 상반기부터 쏟아져 나올 것으로 예상된다. 그렇게 되면 2차 가격 하락이 있을 것으로 보이며, 2017년 하반기부터 66~83㎡(20~25평형)의 소형 아파트를 사는 것은 '내 집 마련과 재테크'라는 두 마리 토끼를 모두 잡을 수 있는 기회라고 생각한다. 66~83㎡(20~25평형)는 아파트 가격 상승 순위, 전세가 상승 순위, 아파트 평형 인기 순위, 이 3가지에서 랭킹 1위에 오른 평형이다. 또 싱글족과 1인 가구가 늘어나면서 인기 몰이를 하고 있다. 특히 한 자녀 시대에 가장 적합한 상품이다.

빌딩 박사 박종복의
나도 강남 빌딩 주인 될 수 있다

인쇄일 초판 14쇄 2018년 12월 7일
발행일 초판 14쇄 2018년 12월 11일

발행인 이정식
편집인 이창훈
총괄 이경아
기획 하은정, 장진원
진행 박유리
디자인 베스트셀러 바나나
교정교열 이완숙
마케팅 이풍헌, 경주현
제작 주진만

발행처 (주)서울문화사 〈우먼센스〉 편집팀
등록일 1988.12.16 등록번호 제2-484호
주소 서울특별시 용산구 새창로 221-19(한강로 2가)
편집문의 02-799-9343
구입문의 02-791-0762
팩스 02-749-4076
ISBN 978-89-263-9979-8 (03320)